# 소방관

**곽경택**
**각본집**

STUDIO:ODR

신이시여
제가 부름을 받을 때에는

아무리 뜨거운 화염 속에서도
한 생명을 구할 수 있는 힘을 주소서

너무 늦기 전에 어린아이를
감싸안을 수 있게 하시고
공포에 떠는 노인을 구하게 하소서

제가 늘 깨어 살필 수 있게 하시어
가냘픈 외침까지도 들을 수 있게 하시고
신속하고 효과적으로 화재를 진압하게 하소서

저의 임무를 충실히 수행하게 하시고
제가 최선을 다할 수 있게 하시어
이웃의 생명과 재산을
보호하게 하소서

그리고 만약 신의 뜻에 따라
저의 목숨을 잃게 된다면

신의 은총으로
저의 아내와 가족을 돌보아 주소서

〈어느 소방관의 기도〉
엘빈 윌리엄 스모키 린

# 차례

# 감독의 말

모두의 얼굴이 하얗게 질린 채 굳어버렸다. 시뻘건 화염이 순식간에 바람을 타고 컨테이너 속 소품들과 벽을 녹일 듯 삼킨 것이다. 게다가 시커먼 연기까지 하늘 위로 치솟아 뭉게뭉게 퍼져나갔다. 정말이지 순식간의 일이었다.

"비켜!!!"

외마디 외침과 함께 뛰어온 특수효과 대표가 소화기를 분사하고, 주변 스태프들이 물을 뿌려 겨우 불길을 잡았다. 저렇게 순식간에 불이 번질 줄이야. 우리 모두 긴장을 넘어 공포에 휩싸였다. 기껏해야 본격적인 촬영을 시작하기도 전에 실시한 테스트 촬영이었다. 컨테이너에 가구와 소품 몇 개를 두고, 물건의 종류나 양에 따라 화염의 모습이 어떻게 달라지고 연기는 대략 어느 정도 발생하는지 알아보기 위해 실시한 것이었다. 하지만 카메라가 촬영을 시작하기도 전, 슬쩍 분 바람 한 번에 모든 것이 다 타버렸다. 앞으로 약 60일간 영화 촬영을 책임져야 할 나로선 온몸에 전율이 일어난 순간이었다.

촬영 현장에서는 결국 안전이 제일 중요하다고 생각했다. 하지만 실

제 불을 쓰지 않으면 화염의 종류와 크기에 따른 연기자의 긴장감이 화면 속에 드러나기 어려웠다. 아무리 나중에 컴퓨터 그래픽으로 보강한다고 하더라도 화재 현장의 리얼한 느낌은 실제 불이 없이는 전달이 불가능했다. 내게는 그것이 가장 큰 딜레마였고 촬영 현장에서 항상 신경이 곤두서 있을 수밖에 없던 이유였다.

이 영화는 제목이 '소방관'이다. 재난이나 범죄물, 멜로 같은 장르에 직업이 소방관인 사람이 등장하는 영화가 아닌, 본격적인 소방관들의 삶과 사투를 다룬 아주 직설적인 영화다. 그렇기 때문에 더더욱 화재 현장의 공포를 표현하는 데 그 어떤 타협도 없어야 했다. 소방관들이 이 영화를 봤을 때, '아, 저거 실제 우리 현장이구나!' 하고 공감할 수 있어야 이 영화를 만든 이유와 가치가 생긴다. 그런 감독의 의도와 책임을 공감하고 팽팽한 긴장감 속에 함께 60일을 뛰어준 우리 〈소방관〉의 배우와 스태프들에게 진심으로 경의를 표한다.

감독 곽경택

# 등장인물

"사람을 구하면서 살 수 있는
자격이요. 세상에서 아무나
가질 수 없는 소중한 자격.
그걸 포기할 수가 없었습니다."

서부소방서 신입 소방관

## 철웅 주원

**남, 29세**

서부소방서에 첫 발령을 받은 신입 소방관. 정신없는 현장에서 장비 하나도 제대로 챙기기 어렵다. 운동 특기생으로 구조대에 왔지만 잦은 실수로 엉뚱한 모습을 보인다. 과거 같은 동네에서 자라 친형처럼 따르던 용태를 화재로 잃게 되어 상실감과 죄책감에 빠지지만, 동료들의 도움과 응원 속에서 극복하기 위해 노력한다. 점차 사람을 구하면서 살 수 있는 자격을 갖춰가던 그는 진섭과 함께 홍제동 상가 건물 화재 현장에 출동한다.

"나도 무서워. 검은 연기 때문에 발끝도 안 보일 때는
다리가 후들후들 떨려."

서부소방서 구조반장

# 진섭 곽도원

**남, 40대**

열악한 환경 속에서도 남다른 직감과 다수의 현장 경험을 통해 5년 연속 요구조자 구출 횟수 전국 1등
을 기록한 구조반장. 과묵하며 항상 현장에 최선을 다하는 강인한 인물이다. 구조 활동에 있어서 자신
보다는 다른 사람을 구하기 위해 몸을 아끼지 않는다. 외골수 같은 면모를 보여 가끔 사람들과 마찰이
있다. 불법주차가 개선되지 않은 화재 현장에서 아끼던 동료 용태까지 잃게 된 그는 소방서장과 구조
대장 인기를 대신해 격분을 토하지만, 환경은 개선되지 않는다. 어느 날 홍제동 상가 건물 화재 신고가
접수되고, 그를 포함한 서부소방서는 화재 진압을 위해 출동한다.

"꽤 상황이 크다.
요구조자도 있고.
정신 바짝들 차리자."

서부소방서 구조대장

# 인기 유재명

**남, 40대**

열악한 환경에 불같이 덤비는 진섭도, 용태를 잃
은 슬픔에 괴로워하는 철웅도 따스하게 받아주는
서부소방서 구조대장. 진섭과는 특전사 동기이며
진섭의 무모한 구조 모습을 못마땅해하지만 한편
으로는 사람을 구하는 진섭을 존중한다. 고생하
는 대원들에게 매번 좋은 말과 값진 장비를 선물
하진 못하지만, 화재 현장에서 넓은 시야를 가지
고 이들을 든든하게 지휘한다. 모두가 포기한 홍
제동 상가 건물 화재 현장, 포기하지 않고 끝까지
잔해를 치우기 위해 노력한다.

> "사람들이 벌써 그 일을
> 다 잊는 것 같아서 막 화가 나고
> 아주 예민해진대."

서부소방서 구급대원

# 서희 이유영

**여, 30대**

태권도 국가대표 최종 선발전까지 출전한 이력으로 소방대원들에게도 지지 않는 체력과 당찬 성격을
가진 서부소방서 구급대원. 현장에 최선을 다하며 한편으로는 강한 모습과 생명을 구하고자 하는 따뜻
한 마음을 가지고 있다. 운동선수 출신으로 철웅과는 이미 알고 있는 사이이며 동생 같은 철웅을 많이
챙긴다. 화재 현장 밖에서 누구보다 발 빠른 조치로 대원들과 요구조자의 안전을 신경 쓰는 그녀는 마
지막 희망까지도 붙잡고 이들을 치료한다.

"잡고 있을 테니까,
갔다 와서 로프 좀 내려줘."

서부소방서 소방관

# 용태 김민재

남, 30대

어떠한 현장도 가리지 않고 선두로 나서는 서부소
방서 소방관. 베테랑 구조대원으로 항상 구조대의
귀감이 되는 인물이다. 철웅이 소방관이 되는 계기
를 만들어준 그는 오랜 시간 듬직한 형으로 함께했
다. 어느 날 녹번동 빌라 화재 현장에 출동하게 되
고, 현장에 남겨진 아이를 구하기 위해 자신의 공
기호흡기를 내어주고 목숨을 잃게 된다.

"뭔 소리야? 너 괜히 그럴까 봐
일부러 그런 거야. 다 잊어.
이따가 치료제나 한잔하자."

서부소방서 소방관

# 효종 오대환

남, 30대

차기 구조반장으로 구조대원들의 맏형. 건장한
체격의 소유자이며, 현실적이고 넉살이 좋다. 목
숨이 위험했던 화재 현장에서 부상을 당해도 유
쾌하게 넘기는 그는 트라우마를 안고 복귀한 철
웅을 따스하게 맞아준다. 자신의 동생 효민과 기
철의 사랑이 질투는 나지만, 누구보다 응원하는
평범한 오빠인 그는 화재 현장만 가면 이름 그대
로 파이어 파이터가 된다. 홍제동 상가 건물 화재
현장에 사람이 남아 있다는 소식에 진섭과 함께
마지막까지 현장을 수색하는 인물 중 한 명이다.

"네 몸에 못이 박히고
등딱지가 타들어 가도
현장에선 절대 당황하거나
힘든 표시 내면 안 돼."

### 서부소방서 소방관

# 기철 이준혁

**남, 30대**

서부소방서 소방관이자 효종의 동생 효민과 곧 결혼을 앞둔
예비 신랑. 철웅이 오기 전까지 막내 생활을 했지만 수많은
현장 경험을 쌓았다. 일에 있어서는 엄격한 그는 처음에 신
입 소방관 철웅의 합류를 달가워하지 않았다. 하지만 빌라
화재 사건으로 용태를 잃고 트라우마에 빠졌던 철웅이 용기
를 내 복귀한 모습에 까칠하지만 따뜻한 말을 건넨다. 그 역
시 홍제동 상가 건물 화재 현장에서 마지막까지 수색을 펼
친다.

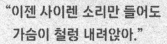

"이젠 사이렌 소리만 들어도
가슴이 철렁 내려앉아."

### 진섭의 아내

# 도순 장영남

**여, 40대**

목숨을 건 화재 현장에 수없이 출동한 진섭의
곁을 오랜 시간 지켜낸 진섭의 아내이자 동수
의 어머니. 신경성 만성 위장장애는 물론 사이
렌 소리만 들어도 가슴이 철렁하는 그녀는 진
섭이 아들 동수와 자신을 위해서라도 소방대
원을 퇴직하길 바란다. 안정된 새로운 삶을 목
표로 부푼 꿈을 가지고 있다.

# 용어 정리

| | |
|---|---|
| S#(Scene Numer) | 장면 번호. 같은 장소와 시간 내에서 이루어지는 상황이나 행동, 대사, 사건이 한 신을 구성한다. |
| Fade In | 화면이 점차 밝아지는 효과. |
| Fade Out | 화면이 점차 어두워지는 효과. |
| C.U(Close Up) | 대사, 장면 등 일부분을 크게 찍는 것을 의미한다. |
| Insert | 화면의 특정 상황을 강조하거나 집중시키기 위해 신 중간에 삽입한 화면을 말한다. |
| Cut To | 하나의 신이 끝나고 다음 신으로 넘어가는 장면 전환 기법. |
| V.O(Voice Over) | 영상과 일치되지 않는 대사로, 등장인물의 생각이나 속마음, 기억 등을 표현할 때 주로 사용된다. |
| F(Filter) | 전화를 통해 들려오는 목소리나 마음속으로 하는 대사를 표현할 때 사용한다. |
| Montage | 따로따로 편집된 장면들을 짧게 끊어 연결해 의미를 전달하는 편집 기법을 말한다. |
| PAN(Panorama) | 장면 전체를 상, 하, 좌, 우로 촬영하는 것을 말한다. |
| POV(Point of View) | 특정 인물의 시점으로 보여지는 장면을 말한다. |
| OTS(Over the Shoulder) | 인물의 어깨 너머로 다른 인물을 보여주는 것을 말한다. |
| 직부감 | 피사체를 수직으로 위에서 내려다보는 숏. |
| FS(Full Scene) | 인물의 얼굴부터 다리까지 전신과 주변 배경이 화면에 나오는 숏. |
| BS(Bust Shot) | 인물의 가슴에서 머리 끝까지 상반신이 화면에 나오는 숏. |

각본

# PROLOGUE

이 작품은 실화를 바탕으로 하였으나
등장인물, 사건, 장소 등은 극적인 요소를 위해 재구성되었습니다.


검은 연기와 시뻘건 화염으로 가득 채워진 공간.
헉헉헉… 거친 숨소리와 함께 모습을 드러내는 한 소방관.
얼굴에 쓴 공기 마스크와 손에 든 도끼.
너덜해진 면장갑을 낀 손이 불타는 가구들을 헤집고
뭔가를 향해 움직이는 순간,
치익- 못에 걸려 찢어지는 방화복.
내딛는 다리에 화르르 옮겨붙는 불.
하지만 계속 화염 속을 전진하는 소방관.
불기둥이 무너지는 천장 아래에서 한 아이를 안아 든다.
등에도 불이 옮겨붙은 채, 다시 검은 연기 속으로 돌진하는 소방관의
모습이 느린 고속 화면으로 보이며


**철웅**     (V.O) 신고합니다!

## S#1   구조대 사무실 | 낮

구조대장 인기 앞에서 깔끔한 유니폼 차림으로 신고를 하는 철웅.

>**철웅**   소방사 최철웅, 서부소방서 구조대로
>       출근을 명 받았습니다!
>**인기**   (경상도 사투리) 그래, 잘 왔다.

악수를 나누고 서류를 보는 인기.

>**인기**   음… 태권도 국가대표 상비군까지 했네….
>**철웅**   (씩씩하게) 예, 그렇습니다.
>**인기**   우선 대기실 가 있어. 출동 나갔으니까
>       오면 인사들 하고.


## S#2   아파트 창문/안/아래 | 낮 교차

아파트 베란다에서 석유통을 든 채
팬티만 입고 고래고래 고함을 지르는 남자.

>**팬티남**   그래~ 확실히 죽어주께~!
>        다 같이 죽자고~~

우르르 아파트 입구로 향하는 구조대원들 앞에서
위를 향해 악을 쓰는 여자.

> **팬티아내** 제발 정신 좀 차려~!
> 나 바람피운 적 없다고~

확성기를 든 반장 진섭이 여자 앞으로 나와 위로

> **진섭** 선생님~ 다른 사람들 생각해서라도
> 절대로 무모한 행동은 하지 마세요!

난장판이 된 거실에 석유를 마구 붓는 남자.

> **팬티남** 씨발… 다 죽어~! 죽어~~

다시 베란다로 나와 라이터를 번쩍 치켜들며

> **팬티남** 그 새끼한테 전해~!
> 내가 너 같은 쌍년을 진짜 사랑했다고~

이때, 근처 빌라에서 담배를 피우던 장발 남자가 고함을 치며

> **장발남** 그래~ 내가 전해주께~! 질러~!

확성기를 장발남 쪽으로 돌리는 진섭.

> **진섭** 저기! 가만히 안 계시면 경찰 도착 즉시
> 쳐들어갑니다. 들어가세요!
>
> **장발남** (아랑곳 않고) 그 새끼 이름 뭐야? 전화번호~?
>
> **진섭** 아… 저 새끼…!

진섭 옆에서 걱정스레 올려다보는 구급대원 서희와
비디오를 찍고 있는 촬영대원.

## S#3  소방서 차고/대기실 | 낮

가방을 멘 채 터벅터벅 차고 뒤쪽으로 걸어오는 철웅.
소방차들 몇 대가 서 있는 모습 위로

> **자막,**  〈2000년 서울 서부소방서〉

대야로 물을 뿌려 청소하던 대원 하나가 낯설게 쳐다본다.
대기실 앞에 이르러 문을 열고 들어가는 철웅.
젓가락이 끼워진 컵라면이 놓여 있는
일자로 15미터 정도의 좁은 공간에 널브러진 옷가지와 군대 침낭.
문 바로 앞에 소방차들의 배기구가 보이자

자신도 모르게 코에 손을 가져간다.


**S#4** **아파트 베란다/복도/아래 | 낮**


문손잡이 틈에다 도끼날을 끼워 넣는 기철 옆에서 큰 망치를 든 효종.


      **효종**    (V.O/F) 문 개방 준비 완료….


(Cut To)
현수가 몸에 감은 로프를 팽팽하게 잡고 있고
팬티 남자의 머리 위에서 도움닫기를 준비하는 용태.

**용태**   레펠 준비 완료….


촬영대원의 앵글이 최대 줌으로 들어가고 진섭이 관창을 꽉 잡으며


**진섭**   틀어!


탁- 돌아가는 수압 밸브.

촤아아악- 위를 향해 뿜어지는 물줄기.

퍼퍼퍽- 물살에 튕겨 뒤로 넘어지는 팬티남.


(Cut To)

해머로 쾅- 문고리를 내리치는 효종.

두 발로 벽을 힘껏 미는 용태. 쑥- 낙하하며 베란다 안으로 들어간다.

몸을 일으켜 라이터를 집어드는 남자를 제압하는 효종과 용태.


## S#5   소방서 차고 | 낮


대기실 벽에 붙은 구조안전수칙을 보고 있던 철웅.

밖에서 부르릉~ 소리가 나자 재빨리 뛰어나가고

차에서 내려 다가오는 대원들에게 척 경례를 하며


**철웅**   신고합니다! 소방사 최철웅.

철웅을 보며 빙긋 웃는 용태.

이때, 때르르릉~ 울리는 벨 소리.

소방서 전체에 쩌렁쩌렁 울려 퍼지는 스피커 음성.


      **스피커**    (F) 서부서 구조 출동! 구조 출동!


대원들이 도로 우르르 차로 뛰어가며


      **대원들**    출동~ 출동~!


뻘쭘하게 서 있는 철웅에게 고함치는 진섭.


      **진섭**    야, 너도 타!

      **철웅**    …예? (뛰며) 예!


차고 바닥 고인 물에 비친 붉은색 소방차 위로

일렁이며 떴다가 사라지는


      **타이틀,**   소방관

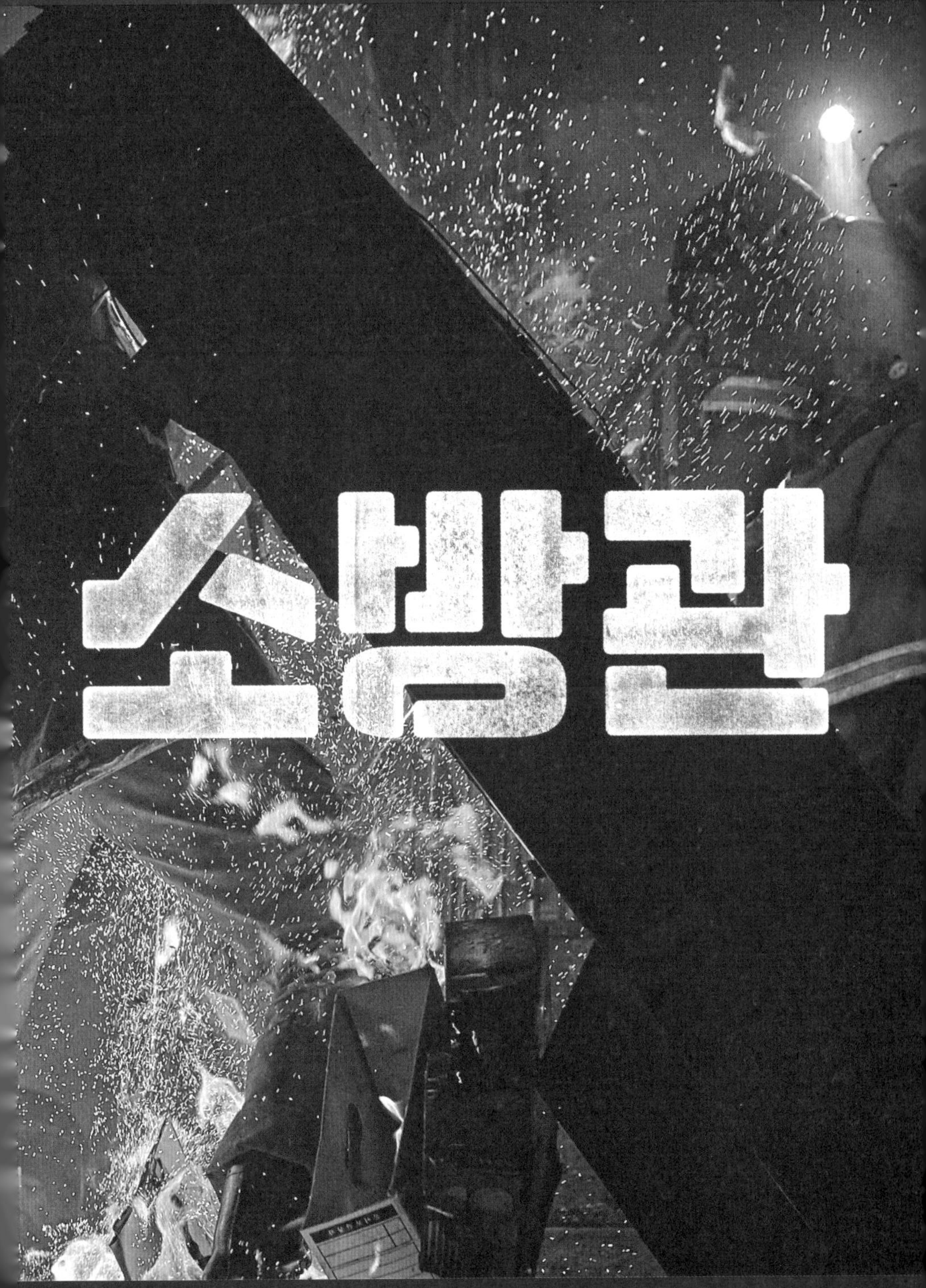
소방관

## S#6  도로/구조차 안 | 낮

사이렌을 울리며 달리는 구조차 위로 무전음.

**무전**  (V.O) 홍은고가에서 트럭과 충돌한 차량들이
지상으로 추락…

길을 터주지 않고, 오히려 꽁무니를 쫓는 차량들.
아슬아슬 거칠게 차들 사이를 빠져나가는 구조차.

**무전**  (V.O) 서부 여섯 하나가 다른 현장에서 비발 중이니
선착으로 현장 도착하면 곧바로
인명 구조에 최선을 다할 수 있도록! 사륙?

**진섭**  (무전으로) 사칠!

진섭이 헬멧 끈을 조이는 효종에게

**진섭**  전개기랑 램 준비하고, 빠루도 챙겨….

**효종**  예.

철웅을 턱짓하며 용태에게 묻는 현수.

**현수**  (경상도 사투리) 새로 온다는 기 쟈가?

용태가 고개를 끄덕이자

**현수**   새끼… 쎅시하게 생겼네.

기철을 보며 놀리듯 웃는 현수.

**현수**   마, 우리 구조대 얼짱 바뀌겠다.

전개기를 챙기던 기철이 철웅에게

**기철**   빠루는 니가 챙겨.
**철웅**   (얼떨결에) 예? 예….

## S#7   추락사고 현장 │ 낮

가드레일이 부서진 고가 위에 모인 차량들과 사람들.
봉고와 승용차 두 대가 떨어져 아수라장이 된 고가 아래로
출동한 경찰이 막 교통정리를 시작한 가운데
에에에엥~ 급커브를 틀며 도착하는 구조차.

**진섭**   서부백 사팔, 비착 현장활동 개시!

진섭이 내리자 우르르 장비를 들고 따라서 내리는 대원들.

       **무전음**    (V.O/F) 사칠, 서부 여섯 하나는 서부백과 합류해
                   현장 활동 개시하고 요구조자 우선적으로 구조 바람!

비디오 카메라를 찍기 시작하는 촬영대원.
남은 장비들 중 뭐가 뭔지 헷갈리던 철웅.
그 중 하나를 집어 들고 따라간다.
뛰어가는 철웅의 시선에 박살난 차들의 잔해와 피 범벅인 아스팔트.

**기철**   야, 빠루는?

**철웅**   예? (손에 든 장비를 보며) 이거….

**기철**   (황당해서) 아~ 미치겠다….


기철이 얼른 다시 구조차로 뛰어가며


**기철**   넌 그냥 가만있어.


잠시 멍하게 서 있는 철웅.

삐뽀삐뽀~ 울리며 도착하는 구급차에서 내리는 서희,

현장으로 뛰어가다 힐끗 철웅과 눈이 마주친다.

콰직- 우지끈- 봉고 문짝이 떼어지고

아래 문틈에 유압 자키를 끼운 진섭이 바닥에 엎드리며


**진섭**   눈 떠보세요~! 제 말 들리시는 분?


마치 꿈을 꾸는 듯한 표정으로

비명과 고함소리가 메아리치는 현장을 쳐다보다,


**서희**   여기 좀 도와줘~


문득 정신을 차리고 뛰어가는 철웅.

구급대원들이 차에서 빼내는 사람의 다리를 잡는데

무릎 관절 반대로 확 꺾어지는 다리(C.U).

그만, 헉- 하고 놀라는 철웅.


S#8　**화장실/차고 | 밤**


쏴아~ 쏟아지는 수돗물.

상기된 얼굴을 훔치며 화장실을 나서던 철웅.

앞에 서 있는 서희와 눈이 마주친다.


　　**서희**　　너… 토했니?

(Cut To)

벽에 비치된 호스와 장비들 옆으로 걷는 두 사람.


철웅    솔직히 난 니가 연예인 될 줄 알았다….

서희    그걸 아무나 하니?

        매번 최종 오디션까진 갔다가 다 떨어졌어….

        넌? 체육 선생님 한다 그러더니?

철웅    응… 제대하고 용태 형이 시험 한번 쳐보라고 해서….

서희    누구? 신용태?

철웅    우리 형이랑 베프야. 나랑도 한동네에서 같이 자랐고.

서희    아~!


이때, 철웅 뒤에서 부르는 소리.


기철    (V.O) 야, 최철웅!


## S#9    소방서 뒤뜰 | 밤

철웅 앞에서 도끼 눈을 뜨고 쳐다보는 기철.


기철    니가 쫄고, 니가 아프다고 인상 쓰면?

        현장에서 니가 구조할 사람은 너 보고

무슨 생각을 하겠어?

**철웅**   죄송합니다….

**기철**   니 몸에 못이 박히고, 등딱지가 타들어 가도
         현장에선 절대 아픈 표시, 힘든 표시 내면 안 돼.
         무슨 말인지 알아들어?

**철웅**   예….

**기철**   그리고 나도 일본말 쓰는 거 싫지만
         어쩌겠냐? 다 그렇게 쓰는데.
         빨리 장비 이름 다 외워.

이때, 뒤에서 공을 들고 우르르 몰려오는 대원들.

### S#10   소방서 뒤뜰 | 새벽

삥~ 밝혀진 조명 아래로 떠오르는 축구공.

푸르스름한 새벽 기운 속에서 족구를 하는

구조대의 진섭, 용태, 효종 그리고 철웅이 한 팀.

맞은편에는 30대의 진압대원들.

준혁, 상봉, 성호 외 1명.

네트를 넘어오는 공을 향해 몸을 날리는 효종.

이때, 옆에서 쑥 들어와 퍼퍽-하고 엉키는 발.

툭- 하고 라인 안쪽에 떨어지는 공.

**철웅**　앗… 죄, 죄송합니다….

**효종**　하~ 짜식, 공 좀 차는 줄 알았더니….

　　　제발 사람은 잘 구해라.

**철웅**　예, 열심히 하겠습니다!

네트 너머에서 일부러 큰소리치는 준혁.

**준혁**　야, 너 뭘 열심히 한다는 건데?

**철웅**　(휙– 돌아서며)

　　　예! 사람도 열심히 구하고, 족구도 열심히 하겠습니다!

진섭이 좀 갑갑하게 쳐다보며

**진섭**　철웅이, 너 나가고 현수 불러 와.

**철웅**　예, 알겠습니다!

철웅이 후다닥 차고 쪽으로 뛰어가고
무릎 위로 통통– 공을 차는 상봉이 빼질대며 놀리듯

**상봉**　근데 쟨 사람을 구하는 것보다

　　　불을 더 잘 끌 것 같아….

　　　그냥 우리 진압대로 보내는 게 어때요?

**효종**　그래, 데려가라! 축구선수 출신 하나 새로 뽑게.

또 다른 진압대원이 허벅지 근육에 힘을 빡 주며

**성호**    황선홍이 와도 안 돼! 우린 물 뿌릴 때
        기본적으로 이 튼튼한 하체가 딱 받쳐주잖아.

**용태**    임마, 우린 그럼 물구나무 서서 도끼질 하냐?

**S#11   상가 전경 | 낮**

옥상 증축공사 인부들이 식당 안으로 들어서고

**S#12   순자 식당 | 낮**

쨍~하고 부딪히는 8개의 소주잔들.

**인기**    자, 첫 24시간을 무사히 마친 최철웅 대원을 위해~
        건배!

공사 인부들로 붐비는 함바집에 앉은 구조대원들과 서희.
쭈욱~ 소주를 마시는 대원들 앞에 순댓국을 하나씩 놓는 순자.

**순자**    아휴~ 신입 총각은 인물도 좋네….

딱 소방서장 감이야….

서희가 피식- 웃자, 좀 쑥스러운 철웅.

효종     (순댓국에 소금을 넣으며)
            에이~ 구조대 출신 서장 본 적 있어요?

순자     왜? 앞으로 나오지 말란 법 있어?

효종이 자신의 순대국을 보다 어? 하더니

효종     야, 이거 순대만이네. 바꿔!

용태와 순대국을 바꾸는 효종.
철웅이 갸우뚱하며 조심스레

철웅     구조대 출신… 서장님은 안 계십니까?

씩- 웃으며 입을 여는 현수.

현수     응, 안 계신다.
            우리는 머리보다 팔다리가 더 발달해 가….

진섭     뭘 발달해? 그냥 다 골통들이지….
            (소주를 들며) 자, 받아.

잽싸게 잔을 드는 철웅.

잔을 가득 채워 따라주는 진섭.

> **진섭**    이게 치료제다.

무슨 소린가 쳐다보는 철웅.

> **진섭**    오늘 구조하면서 본 거, 그 뒷일….
> 다 생각하지 마. 그냥 다 과감하게 잊어버려.
> 안 그럼 이 일 못 해.

## S#13  노래방 | 낮

마이크를 잡고 폼나게 노래를 부르는 용태.

> **용태**    (V.O/F) 사랑은 기쁨보다 아픔인 것을~
> 나에게 심어주었죠~
> 사랑했어요~

뒤에서 탬버린과 박수를 치는 다른 대원들.

〈Cut To〉

잔뜩 인상을 쓰며 사투리 억양으로 노래를 부르는 인기.

> **인기**  골목길 돌아설 때에~ 내 마음은 뛰고 있었지~
>
> 눈앞에 무슨 사고 펼쳐질까~
>
> 한없이 바라보았지~ ♬

〈Cut To〉

우렁찬 목소리의 진섭.

맨 끝자리에 앉아 열심히 박수를 치고 있는 철웅.

와~ 짝짝짝… 진섭의 노래가 끝나고 대원들이 쳐다보자

노래를 못한다는 듯 고개를 가로젓는 철웅.

기철의 표정이 다시 까칠하게 변하며

> **기철**  뭐야? 고참들이 다 부르는데….

기계 버튼을 누르며 픽- 웃는 서희.

> **서희**  야, 아톰! 본색을 드러내라~

전주가 나오자 다들 무슨 소린가 쳐다보며

> **기철**  아톰? 그게 뭐야?

**서희**    우리 댄스 동아리 때 쟤 별명.

스윽- 후드 티를 뒤집어쓰더니 벌떡 소파 위에 올라서는 철웅.

**철웅**    안개 낀~ 조명이~ 쓰러진 내 몸을 감싸고~

기철과 현수가 눈이 동그래져서 쳐다보고
그럴 줄 알았다는 듯 빙긋이 웃는 서희.
리듬을 타듯 전주에 맞춰 몸을 흐느적거리는 철웅.

**철웅**    술에 취해 비틀거리는~ 하 예~ 나의 모습
           이제는 싫어어~ ♫
**인기**    좋오타~! 펌프 작동~~!

양 손에 든 병맥주를 파파파곽- 흔드는 인기.
곽- 소파에서 뛰어내려 중간에 서는 철웅.

> **철웅**　뽀얀 담배 연기~ 화려한 차림 속에
>
> 　　　 거울로 비춰보는~ ♬

돌아서 몸동작을 바꾸는 철웅.

> **철웅**　초라한 나의 모습 변하는 세월 속에
>
> 　　　 잊혀져 가고~ ♬

인기가 폭탄주 잔들에다 촤아악~ 맥주를 뿌리며

> **인기**　방수 시자~악~!

환호성을 지르는 검게 그을린 대원들의 얼굴들이 하나씩 잡히고
흥이 오른 철웅이 손을 번쩍 치켜들며

> **철웅**　오예~~ 현진영 고! 진영 고~!

대원들이 쭈욱~ 폭탄주를 들이키고 쿵쾅거리는 사운드와
번쩍이는 조명에서 다음의 신들로 이어진다.

## S#14 시장 골목 | 낮

음악이 이어지며 시장 골목으로 사이렌을 울리며 달려가는 구조차.


## S#15 국숫집 | 낮

구경하는 동네 사람들이 이맛살을 찌푸리고
제면기 앞에서 엉엉 우는 아줌마.
롤러에 끼인 손가락 위쪽이 퍼렇게 멍들어 있고
조심스레 맥가이버 칼로 벨트를 잘라내는 진섭.


## S#16 소방서 차고 | 낮

소방차들 사이를 병아리처럼 노란 옷을 입고 졸졸 따라다니는
유치원생들.

> **서희**　이건 사람들을 구조하는 구조차~
>
> 　　　　이건 호수로 물을 뿌리는 펌프차~

장비를 만지는 개구쟁이를 잡아 앉히며

서희     너 일루 와! (다시) 그리고 이건 언니처럼
        아픈 사람을 치료하는 구급차~ 알았죠?
유치원생들   (큰 소리로) 네~~~!!!


**S#17   유흥가 | 밤**

밤거리에 출장 도우미 명함을 날리는 오토바이.
유흥가 골목 전봇대를 박은 차에서 비틀대며 나오는 남자.
마구 철웅의 멱살을 잡고 주먹을 휘두르려는 순간,
툭- 남자의 다리를 걸어 넘어뜨리는 용태.
놀란 철웅이 보면 남자를 깔고 앉아 찡긋 윙크를 한다.

## S#18  소방서 | 낮

찰칵- 눌러지는 스톱워치.
소방서 벽을 오르는 대원들을 쳐다보는 진섭.

> **진섭**  속도 봐라! 철웅이 저 자식 뭐 해?

악바리 기철이 빠른 속도로 제일 앞서고
뻘뻘 땀을 흘리는 철웅을 돌아보는 용태.

> **용태**  더 수직… 몸을 수직으로 만들어.

## S#19  샤워실 | 낮

등, 다리, 목이 온통 상처와 화상인 채 샤워하는 대원들. 옆에서 머리
에 비누를 잔뜩 칠한 철웅을 보다가 슬쩍 용태와 눈이 마주치는 효종.
용태가 기철에게 눈을 찡긋하자 큰 수도꼭지를 잠궈버리고,
뚝 멈춘 샤워기를 보며 어리둥절한 철웅.
이때, 일제히 고함을 치는 대원들.

> **대원들**  출동~! 출동~!

비누 범벅이 된 철웅이 놀라서 쳐다보면

**효종**   나가~! 빨리~!
**철웅**   예?
**기철**   야! 뭐 해?

당황한 철웅이 수건으로 대충 가리고 샤워실을 뛰어나가면,
입구에서 문을 잠궈버리는 현수.
밖에서 꺄악~ 여자의 고함 소리가 들려오고
서로 큭큭대며 웃는 나머지 대원들.

**S#20   홍제동 전경 | 낮**

낙후된 느낌의 동네 전경 위로

**용태**   (V.O) 잘 사는 사람들은 우리 안 찾아….

**S#21   용태 집 안 | 낮**

방 한쪽에 이불이 치워져 있고,
머리에 새집을 지은 채, 아침을 먹는 용태와 철웅.

용태    어렵게 사는 사람들한테 만만한 게 119지….

       112는 잘못 전화하면 처벌받을까 봐

       좀 쫄기라도 하는데,

       우린 뭐 권력기관도 아니니까

       특히 술 취하면 더 잘 부르고….

       (밖에다) 엄마, 겉절이 좀 더 줘.


방을 나와 부엌으로 향하는 용태 어머니 뒤로 보이는 불상과 탱화.


용태모   진웅이랑 부모님은 잘 계셔?

철웅     예. 형 직장이 대전이라 같이 계세요….

| 용태모 | 그래~ 혼자 자취한다고 그러지 말고 |
|---|---|
| | 그냥 우리집에서 지내. 내가 밥 맛있게 해주께…. |
| 철웅 | 예…. 생각해 볼게요, 어머니. |
| 용태모 | 아휴~ 다들 얼굴 본 지 오래됐다…. |

밥을 먹던 철웅이 슬며시

| 철웅 | 형, 그런데 다른 반장들도 다 그래? |
|---|---|
| 용태 | 뭐가? |
| 철웅 | 진섭 반장… 가끔 너무 오바 하는 거 아냐? |
| | 사실 경찰한테 맡겨도 될 일들을 |
| | 우리한테 다 시키잖아? |
| 용태 | 그냥 본능적으로 움직이는 거지…. |
| | 자기가 딱 감이 오면 무조건 하는 성격이거든. |
| | 어쩌겠냐? 반장인데…. |
| 철웅 | (삐딱하게) 그럼 인기 대장은? |
| | 엄연히 지위체계란 게 있는데 대장 명령도 안 들어? |
| 용태 | 둘이 특전사 동기라 서로 편하게 지내는 거야. |
| | 진섭 반장은 전역하고 경찰 했다가 |
| | 결국 사고 치고 나와서 먼저 구조대 들어온 인기 대장 |
| | 권유로 시험을 본 거고…. |
| 철웅 | 무슨 사고를 쳤는데? |
| 용태 | 줘 팼대. 뺀질거리는 윗 사람을…. |

| | |
|---|---|
| **철웅** | 와~ 진짜 골통이었네…. 그래서 경찰을 싫어하나? |
| **용태** | 그래도 넘버원이야. |
| **철웅** | 뭐가? |
| **용태** | 요구조자 구출 횟수. 5년 전부터 쭈욱 전국 1등…. |

철웅이 다소 놀란 표정을 짓고

| | |
|---|---|
| **용태** | 그러니까 아무도 못 말리지. |
| | 실력 하난 끝내주니까…. |

## S#22  구조대 사무실/홍제동 거리 │ 낮 교차

목에 전화기를 끼운 채 통화하는 진섭이
커터 칼로 자에 댄 종이를 긋고 내려가고

| | |
|---|---|
| **도순** | (V.O/F) 아니~ 여기보다 싼 데는 없다니까…. |
| **진섭** | 그래? 그럼 계약해. |

(Cut To)
야쿠르트 아줌마 복장으로 치킨집을 돌아보며
공중전화를 든 진섭 아내, 도순.

도순      아니이… 돈이 부족하잖아 지금….

진섭      (V.O/F) 뭐… 그럼 못하는 거고.


속이 안 좋은 듯 가슴을 툭툭-치며 트림을 하는 도순.


도순      아… 참…. 그나마 여기가 제일 싸다니까….

　　　　무슨 수가 좀 없을까?


(Cut To)

두툼한 손가락이 책상 유리 사이로 종이를 끼우고

반사 때문에 잘 보이지 않지만 '소방관의…'라는 제목.


진섭      참… 내가 무슨 수가 있어?

　　　　돈 관리는 다 니가 하면서….

도순      (V.O/F) 방법이 하나 있긴 한데….

진섭      무슨 방법?

도순      (V.O/F) 자기… 퇴직 언제 할 거야?

진섭      뭐?


## S#23  소방서 화장실 앞 | 낮


화장실에서 핸드폰을 받으며 나가는 용태.

**용태**    응…. 알았어요. 쓸게.

전화를 끊은 용태가 밖에서 청소를 하던 철웅에게

**용태**    웅아! 가서 빨간 사인펜 좀 가져와.


**S#24  소방서 대기실 | 낮**


양말을 벗은 채 붉은 매직펜을 들고 있는 용태.

**용태**    야, 이건 유성이라 잘 안 지워지지~

이거 말고 수성은 없디?

**철웅**   어디 쓸라고…?

**용태**   엄마가 나쁜 꿈 꿨다고 발바닥에다

임금 왕(王)자 쓰래….

**철웅**   아~! 그럼… (움직이며) 금방 다시…


이때, 때르르르룽~ 울리는 스피커 벨 소리.

동작을 멈춘 철웅과 용태가 화닥닥 뛰어나간다.



## S#25  차고/구조차 안 | 낮


우르르 달려와 차 안에 오르는 대원들.

구조차 운전석 뒷좌석에 앉는 인기가 무전기에다


**인기**     화재 출동, 구조대장 동승!


쑥쑥- 익숙한 동작으로 좌석 밑에 놓인 방화 신발과 방화복을

착용하는 대원들.

앞 조수석에서 탁- 사이렌을 켜는 진섭.

애애애앵~곧바로 차고를 빠져나가는 소방차들.

에에에엥~ 사이렌을 울리며 도로를 질주하는 소방차들 위로
울려 퍼지는 무전음.

　　　**무전음**　(V.O/F) 녹번동 429번지 3층 빌라 화재,

　　　　　　6가구 정도 있는 빌라. 요구조자도 있는 상황…

무전장비 (Insert)

　　　**무전음**　(V.O/F) 현장 상황 판단해서 타대 비발해야 되는지

　　　　　　보고 바람.

앞 차량을 향해 팡-팡- 요란한 경적을 울리는 구조차
뒤에 탄 인기가 대원들에게

　　　**인기**　꽤 규모가 크다. 요구조자도 있고! 정신 바짝들 차려….

인기 뒤쪽 좌석에서 긴장한 채 안전모를 벅벅 닦는 철웅을
힐끗 쳐다본 기철이

　　　**기철**　뭘 닦아? 금방 시커메질 텐데….

철웅이 찜찜한 듯 창밖을 보면 달리는 구조차 너머로
멀리 주택가 언덕 위에 검게 솟아오르는 연기.


### S#27  빌라 진입 골목 | 낮

요란한 사이렌 소리와 함께 골목 언덕을 올라오는 소방차들.
양 가쪽으로 불법 주차된 차들 때문에 더 이상 진입이 어렵다.

      **효종**    아~ 저 놈에 차들….

창밖으로 거리를 가늠해 보던 진섭.

      **진섭**    내려! 다들 뛰어!

우르르 도끼와 해머를 들고 차에서 내리는 대원들.


### S#28  빌라 진입로 | 낮

구급차 전방 유리 너머 구조대원들이 연기가 나는 건물을 향해
뛰어가는 모습을 걱정스레 쳐다보는 서희.

**서희**　다치지 마…. 아저씨들.


## S#29　빌라 진입 골목 │ 낮

주차된 차들 사이로 헉헉대며 뛰어가는 모습 위로

　　**인기**　(V.O/F) 서부백 사팔 비착, 현장활동 개시.
　　　　　 타대 비발 지원출동 바람!

뒤를 돌아보며 무전을 하는 인기.

　　**인기**　수관 연결해! 수관 연결~

시커먼 연기가 하늘로 치솟는 빌라를 향해 수관을 들고 뛰는 대원들.


## S#30　빌라 앞 │ 낮

뛰어온 진섭, 대원들과 함께 시커먼 연기를 뿜어내는 건물을 올려다
보는데 맞은 편 슈퍼 셔터를 내리며 원망스레 고함을 치는 주인.

　　**슈퍼주인**　아니, 왜 이제 와요~!

2층 창에서 화아아악~ 시뻘건 화염이 터져 나와
바로 옆 전신주에 닿고 그 위로 무전 음성.

**인기**    (V.O) 화점층은 2층, 우선 선착대가 올라가서
요구조자 수색 시작!

면체(공기호흡기)를 쓰고 도끼를 움켜쥐는 대원들.

**진섭**    (효종에게) 니가 막내랑 1층 맡고, 나머진 3층….

**효종**    예.

우르르 빌라 계단으로 향하는 대원들.
시커먼 연기가 치솟는 빌라로 뛰는 진압대원들.

### S#31  **빌라 계단** | 낮

진섭과 함께 연기로 자욱한 계단을 오르려는 용태를 부르는 철웅.

**철웅**    형….

용태가 돌아보자 걱정스런 눈길로 올려다보는 철웅.

**철웅**　조심해.

엄지 손가락을 척 들어 보이는 용태. 진섭과 함께 계단을 올라간다.


### S#32　빌라 앞 | 낮

**인기**　방수 시작~~!

촤아아아악~ 인기 뒤로 뿜어져 나가는 두 개의 물줄기.
호스를 잡고 이곳 저곳에 방수하는 진압대원들.
강력한 물줄기가 닿는 빌라의 창에서 나오는 시커먼 연기가
화면을 덮고

**진섭**　(V.O/F) 선착대, 3층 진입!

퍽- 챙그렁~ 깨지는 유리창들 사이로 물을 뿌리는 진압대원들.


### S#33　빌라 3층 | 낮

도끼로 유리창을 깨며 다른 대원들과 함께 수색을 시작하는 진섭.
깨진 창을 통해 연기가 빠져나가고 방수 물줄기가 치고 들어온다.

면체 속에서 눈빛이 번뜩이는 진섭.


## S#34  빌라 1층 | 낮


뭉글뭉글 검은 연기가 퍼지는 천장 아래에서 유리창을 깨는
철웅과 효종.
치고 들어오는 물줄기 옆으로 효종을 따라
조심스레 발걸음을 옮기는 철웅.


## S#35  빌라 앞 | 낮


갈수록 거세져 3층으로 화염이 옮겨붙는 빌라.
올려다보던 인기가 옆으로 뛰어온 대원에게

인기    도시 가스 차단했나?

대원1    예. 그건 차단했는데….

인기    그런데?

대원1    이 지역은 집집마다 따로 개별 LPG를 쓰는 집이
            많답니다.

인기    뭐라고?

곧바로 무전기를 드는 인기.

> **인기**  건물 안에 별도의 LPG 보관실이 있을 가능성
> 있으니까 되도록 빨리 철수. 사륙?


**S#36  빌라 3층 | 낮**

쉬익~ 쉬익~ 공기호흡기로 숨을 쉬는 대원들의 시선에
화염과 시커먼 연기로 앞이 잘 안 보이고

> **진섭**  사칠….

천천히 연기 속으로 발걸음을 내딛는 진섭과 용태 반대쪽에서
플래시를 비추며 다니는 현수와 기철.

> **현수, 기철**  사람 있어요~?!
> 있으면 소리치거나 움직여요~~!


**S#37  빌라 1층 | 낮**

화르르~ 1층 천장에 옮겨붙는 화염.

더욱 진한 검은 연기가 방 안에 퍼지고 위를 보며 걱정하는 효종.

      **효종**     으… 위에는 더 심할 텐데….

짙은 연기 속에서 이리저리 둘러보던 철웅.
이때, 삑삑거리는 공기호흡기의 경고벨.
잠시 당황한 철웅. 어찌할 바를 몰라 효종 쪽을 보다가
이내 정신을 차리고 바이패스 밸브를 연다.
하지만 계속 삑삑-대는 경고벨.
호흡이 제대로 되질 않는지 당황하며 다시 밸브를 켜보지만
소용이 없다.
뭔가 이상한 듯 돌아보는 효종.

      **효종**     야, 왜 그래?

더욱 당황한 철웅, 숨이 막히는 듯 답답해하다
연기 배출을 막고 있는 것처럼 보이는 창문을 향해
도끼를 들고 다가간다. 그리고 창문을 깨려는 순간,

      **효종**     거긴 창고야~!

동시에 퍽- 와장창- 유리창이 깨지고 화아악~바람과 함께
순식간에 2층 계단에서 빨려 내려오는 불길.

> **효종**    숙여! 백드랩!

창고 안으로 확 터져나가는 화염.
재빨리 철웅을 감싸며 쓰러지는 효종 위로 덮치듯 쏟아지는 화염.
확~ 불길이 닿자 순식간에 녹는 소방복.

> **효종**    으아악~!

비명을 들은 인기가 무전기에다 고함을 치고

> **인기**    야, 왜 그래?

뛰어온 철웅의 눈에 보이는 효종의 일그러진 얼굴.

      **철웅**     형… 형…!

이때, 철웅의 눈에 들어온 효종의 공기호흡기.
황급히 정신을 차리고 착용하더니 효종을 부축해 나간다.


## S#38  빌라 앞 | 낮

타라라락~ 바닥을 구르는 베드 바퀴.
실려가는 효종의 등에 식염수를 뿌리고 가위로 옷을 자르는 서희.

      **효종**     <u>으으으…</u>.
      **서희**     고함 질러요~ 아프면 고함 질러!

언덕 아래 구급차로 향하는 들것을 보며 잠시 넋이 나간 철웅,
터벅터벅 다시 건물로 향하는데 철웅의 팔을 잡는 인기.

      **인기**     어디 가? 이제 나오라고 했어….

당황한 얼굴로 맹렬하게 불길에 휩싸이는 건물을 올려다보는 철웅.

## S#39  빌라 3층 | 낮

거세진 화염과 진한 연기 속에서 이곳 저곳을 비추던
플래시 불빛 끝에 어렴풋이 한 여자가 보이고

        **기철**    여기! 여기~!

현수가 황급히 여자를 어깨에 들쳐 메고 기철이 무전기에다

        **기철**    요구조자 발견. 데리고 내려갑니다.

이때, 반대편에 뭔가를 발견하고 멈칫하는 진섭.
플래시를 비추면, 깨진 액자 사진 속 여자와 아이.
진섭이 연기를 뚫고 다가와 현수가 들쳐 멘 여자에게 고함을 친다.

        **진섭**    애 있어요~? 애 나갔어요~?

정신을 잃어 대답을 못 하는 여자.
진섭이 기철과 현수에게

        **진섭**    먼저 내려가!

**S#40  빌라 계단 | 낮**

여자를 들쳐 멘 현수 앞에서 도끼로 앞의 장애물들을 치며 내려가는 기철.
계단을 내려가는 대원들 뒤로 작은 철문 하나가 보이고
옆에 난 작은 구멍으로 연결된 가스 호스.


**S#41  빌라 3층 | 낮**

시커먼 연기 속에서 계속 수색을 이어가는 진섭.

      **진섭**    애 찾아! 안에 있을 거야….

들려오는 인기의 무전 소리.

      **인기**    (V.O/F) 내부에 가스통 있으면 너무 위험하다….
                인자 내리와~


**S#42  빌라 앞 | 낮**

밖으로 나온 기철과 현수, 여자를 넘기고 다시 올라가려는데
냅다 고함을 지르는 인기.

인기　　　가지 마! 방수 중단! 다 나와~! 빨리!


시커멓게 그을린 얼굴로 빌라를 올려다보는 다른 대원들.
애타게 계속 무전기에다 고함을 치는 인기.


인기　　　나와, 인자~! 가스 위험하다고~~!


**S#43　빌라 계단 ｜ 낮**


쉬이이익~ 끊어진 호스에서 가스가 새어
순식간에 불길로 가득 차는 LPG 보관실.


**S#44　빌라 3층 ｜ 낮**


암흑처럼 어두운 연기 속에서 삐릭 – 삐릭 – 울리는 경고음.
진섭 자신의 잔압 게이지를 확인해보면 게이지가 50바를 나타내지만


진섭　　　지금 내려가면 다시 올라오기 힘들어….


삐릭–삐릭– 경고음 속에 고개를 끄덕이는 용태.
순간, 멈칫하며 고개를 돌리는 진섭.

**진섭**　　자… 잠깐….

뭔가에 홀린 듯 방향을 틀어 연기를 뚫고 가는 진섭.
화장실 문을 열자 욕조에서 물이 나오고 그 아래에 수건이 덮여 있다.
수건을 걷자 인형을 안은 채 기절해 있는 6살 가량의 아이.

**진섭**　　애 엄마가 똑똑해 아주….

손에 꼭 인형을 쥔 아이를 통째로 품속에 넣는 용태.

**용태**　　또 요구조자 발견…. 지금….

순간, 콰아앙-하는 소리와 함께 폭발이 일어나고.


## S#45 빌라 앞 | 낮

빌라 전체가 요동치며 터져 나오는 화염.
폭발의 충격에 전신주에서 떨어진 변압기가 쾅- 아래로 곤두박질친다.
끊어진 전선들이 사방에서 스파크를 일으키고 사색이 된 채 건물을
올려다보는 인기와 다른 대원들.

**S#46  빌라 3층** | 낮

맹렬한 불길에 휩싸인 빌라 계단.
3층 현관을 나오는 진섭과 용태.
계단 아래를 보지만 화염 때문에 막힌 퇴로.
집 안쪽에서도 불길이 거세져 곧 덮치려 하고
호흡을 고른 진섭이 침착하게 무전에다

　　　진섭　　밑으론 못 내려가! 옥상으로 올려! 사륙?


**S#47  빌라 앞** | 낮

무전을 받은 인기가 고함을 치듯

　　　인기　　사칠! 굴절차 옥상 올려~~


**S#48  빌라 계단** | 낮

옥상으로 향하는 계단 역시 화염과 연기로 자욱하고
아이를 안고 오르기 시작하는 진섭과 용태.
앞장을 선 진섭 뒤에서 힘겹게 콜록이는 용태.

도끼로 옥상 입구를 막고 있던 구조물들을 내려치자

퍼퍼퍽- 무너져 내리는 계단 난간.

두 사람이 계단을 오를 때마다 조금씩 커지는 균열.

이제 몇 계단만 오르면 옥상.

진섭과 용태가 마지막 계단에서 발을 떼는 순간,

계단 하부가 쫘악- 갈라지는 것이 보이자 공기호흡기를 뗌과 동시에

진섭에게 던지는 용태.


     **용태**    받아요!


공중을 날아 진섭의 품에 안기는 아이.

동시에 쿠콰쾅- 무너지는 계단.

아이를 감싸며 몸을 돌리는 진섭.

황급히 다시 계단 아래를 바라보면,

부서진 3층 계단 하부 철 구조물에 매달린 용태.

아래를 보면 발에 닿을 듯 높이 솟은 불길.

서로 마주치는 두 사람의 긴장한 눈빛.

주변이 계속 무너져 내리는 것을 보는 용태.


     **용태**    어서 가요!


잠시 갈등하던 진섭, 아이를 내려놓으려 하자,

손을 뻗어 철근을 하나 더 움켜쥐는 용태.


     **용태**    잡았어요~! 갔다 와서… 로프 내려요….


순간, 진한 갈등에 휩싸인 진섭.

결심한 듯 다시 아이를 품에 안고 옥상으로 향하며


     **진섭**    알았어!


아이를 안은 채 옥상으로 올라가는 진섭.

시커먼 연기 속에서 옥상으로 올라오는 굴절차.

쿵-쿵- 녹슬어 닫힌 옥상 문을 몸으로 밀어보는 진섭.

땀으로 뒤범벅이 된 용태의 품속에 남아 있는 인형.

발 아래의 불길이 점점 거세지고, 잡고 있는 철골 근처까지 이른다.

방화복이 점점 녹아내리고

땀으로 범벅이 된 얼굴에 경련이 일어나는 용태.


      **용태**     으….


쾅- 문이 열리며 옥상에서 모습을 드러내는 기철.

진섭이 얼른 아이를 넘기고 다시 몸을 돌린다.

투투툭- 잡고 있던 철근 뿌리가 조금씩 떨어져 나오자

손을 뻗어 더 위쪽 철근을 쳐다보는 용태.

연기 속에서 허리춤 로프를 풀며 계단을 내려가는 진섭.

반동을 이용하려는 듯 이를 악물고 몸을 흔드는 용태.

로프를 든 진섭이 용태의 머리 위로 모습을 드러내고


      **진섭**     야, 괜찮아?


확- 몸의 반동을 이용해 손을 뻗어 철근을 잡는 데 성공하는 용태.

두 사람의 눈이 허공에서 교차하며 잠시 안도의 미소가 피어난다.


      **용태**     됐어요. 로프…


이때, 그만 쑥- 빠지고 마는 면장갑.

투투툭- 다른 손으로 잡고 있던 철근도 그만 떨어지며
헉- 하는 소리와 함께 불구덩이 아래로 추락하는 용태.

    **진섭**    용태야~~!!!

(Fade Out)

(Fade In)


## S#49  홍제동 전경 │ 낮

멀리 도로가에서 연기가 나고 사이렌이 울리는 모습 위로

    **자막,**    〈3개월 후〉
    **서희**    (V.O/F) 그렇게 맨날 집에만 박혀 있는 거야?


## S#50  목욕탕 화재 현장 │ 낮

대충 불길이 잡힌 목욕탕 앞 도로를 지나는 마을버스.
후드를 뒤집어쓴 채 버스에서 창밖을 쳐다보는 철웅.

    **서희**    (V.O/F) 가끔씩 나가서 바람도 쐬고 그래….

철웅 무릎에 잔뜩 책들을 싼 비닐 주머니.

지하 계단에서 사람을 끌어내는 진섭과 다른 대원들.

어린 학생 입에다 인공호흡을 하는 현수와

콜록거리는 사람들에게 호흡기를 대주는 서희.

     **서희**     (V.O/F) 야, 우리 한번씩 얼굴은 보고 지내자….

     **철웅**     (V.O/F) 난 너 봤어.

     **서희**     (V.O/F) 인간아, 그럼 인사라도 하지….

                  복귀 준비는 잘돼 가?


**S#51 소방서 차고 | 낮**

그을음투성이로 구조차에서 내리는 대원들의 모습 위로

     **철웅**     (V.O/F) 효종이 형은 좀 어때?


**S#52 소방서 대기실 | 낮**

아직 덜 아문 효종의 화상 자국에 약을 발라주는 기철.

     **서희**     (V.O/F) 자기 거북이 등껍질 됐다고 되게 좋아해.

## S#53　철웅 자취방 | 낮

철웅 뒤에서 삐이이이익~ 소리를 내며 끓는 주전자.

**철웅**　나 인제 밥 먹을라고…. 그만 끓을게.

콸콸콸~ 김이 나는 물이 부어지고 컵라면을 감싸 쥐는 두 손 옆
책상 위에 잔뜩 쌓인 책과 문제집들.

물끄러미 책상 위에 놓인 붉은 수성펜을 보는 철웅 위로
탕-하는 소리.


## S#54　소방서 식당 | 낮

탕- 치는 손바닥에 흔들리는 물컵.

**의원**　(V.O/F) 이게 말이 되는 소립니까!

'소방대원과의 만남' 플래카드 앞에서 연설을 이어가는 국회의원.

**의원**　지난번 사고에도 불구하고 올해 또 다시
　　　　소방 예산의 일부가 불꽃놀이 축제에 쓰였습니다.

우리 소방대원들의 처우 개선은
또 한 번 물 건너간 셈입니다.


사람들 틈에서 듣고 있는 고참 소방대원들.
지루한 표정의 인기가 하품을 참으며 작은 소리로


　　　인기　　참… 허구한 날 같은 소리….


서장이 슬쩍 눈치를 주고, 그냥 묵묵히 듣고 있는 진섭.
더욱 강한 어조로 말을 하는 의원.


　　　의원　　다시는 이런 일이 일어나지 않도록,
　　　　　　　저 최만석이 우리 소방대원들의 복지향상을 위해
　　　　　　　불철주야 뛸 것을 약속드립니다.


짝짝짝– 박수를 치는 사람들.
마이크를 잡은 보좌관이 쓱 좌중을 둘러보며


　　　보좌관　자, 그럼… 이상으로 간담회를 마치고,
　　　　　　　이제 기념 촬영이…


이때, 툭– 튀어나오는 목소리.

진섭    (V.O) 잠시만요… .

보좌관   아, 네…. 뭐 하실 말씀…?

상기된 얼굴로 일어서는 진섭.

진섭    저희들 복지는 둘째 치고, 지금 지급되는 소방복 말씀
        인데요…. 사실 이게 방화복이 아니라 방수복입니다.

서장과 다른 소방관들이 눈이 동그래져서 돌아보고

진섭    전혀 불을 못 막고 어디 한번 걸리면 그냥 쭉쭉 찢어져
        나갑니다.

비디오와 스틸 카메라가 일제히 진섭을 찍고

진섭    또 공기호흡기는 너무 자주 고장도 나고
        겨우 20분밖에 못 쓰니까 구조 시간이 길어지면
        연기를 그대로 다 마셔서,
        맨날 삼겹살을 먹어도 가슴이 너무 답답합니다.

구석에 앉아 열심히 받아 적는 기자 한 사람.
갈수록 얼굴이 상기되는 진섭.

진섭    그리고 제일 큰 문제는 불법 주차된 차들입니다.
       우리가 아무리 뛰어봐야 절대 불이 번지는 속도를
       이길 수가 없어요.


무거운 표정으로 한숨을 쉬는 인기와 소방서장.


진섭    제발 그런 차들은 소방차가 밀어도 되게
       법도 좀 고쳐주십시오.


## S#55  순자 식당 │ 낮


나가는 인부들 너머 쟁반 위의 순댓국들을 담는 순자.


인부1   장부 썼어요~

순자    예~


(Cut To)

효종, 현수, 서희, 기철 앞으로 하나씩 전달되는 순댓국들.

순자가 효종 옆 빈자리에도 한 그릇을 놓으며


순자    오늘이 용태 생일이니까….
       자, 순대만 든 걸로 여기 한 그릇….

다들 갑자기 숙연한 표정이 되고

　　　서희　　그걸… 기억하세요?

　　　순자　　(턱짓하며) 저기 다 표시해 뒀잖아. 늬들 것도….


서희가 순자의 눈길을 따라 달력을 쳐다보고
기철이 용태의 순대국에 새우젓을 넣어주며

　　　기철　　이 양반 짜게 먹어….

묵직한 낯빛으로 용태의 순댓국을 바라보는 대원들.

|      |                                      |
|------|--------------------------------------|
| 순자 | 철웅이는 언제 온대?                   |
| 서희 | 이번 주에 복귀야.                     |
| 순자 | 아, 그래? 근데, 요즘 진섭이도 통 안 보이네…. |
|      | (후~ 한숨을 쉬며) 하기야… 걔도 힘들겠지…. |
| 효종 | (분위기를 바꾸려) 자, 식는다. 먹자….  |

대원들이 국밥을 먹기 시작하고
이때, 입구 문이 벌컥 열리고 들어오는 경호(남, 30대).
쥐 파먹은 머리에 초점이 희미한 눈빛,
한눈에 봐도 정서가 불안해 보인다.
효종이 먼저 어색하게 아는 척을 하며

|      |                                      |
|------|--------------------------------------|
| 효종 | 어… 경호, 잘 있냐?                    |
| 경호 | 왜… 반가워? (대원들을 훑어보며) 야~   |
|      | 불고기들… 씨…. 또 누구 안 죽었냐?    |

효종은 무시하듯 고개를 돌려버리고 현수와 서희도 어이가 없는 표정.
경호를 향해 버럭 고함치는 순자.

|      |                    |
|------|--------------------|
| 순자 | 나가! 이 화상아!    |

픽- 웃더니 카운터로 가서 돈통을 여는 경호.
달려가 경호의 뒷덜미를 잡는 순자.

        **순자**    나가, 이놈아! 너 줄 돈 없어~

우악스럽게 순자를 밀치고 돈을 꺼내는 경호.

        **경호**    씨… 있네 돈!
              왜, 왜… 니가 낳아놓고 맨날 안 준다고 지랄이야~

보다 못한 현수가 일어나자 놀라서 잡는 대원들.
이때, 숟가락을 놓더니 벌떡 일어서는 서희.
성큼성큼 경호 뒤로 다가온 서희가 순자에게

        **서희**    엄마, 이 사람 혼나도 되지?

효종이 눈이 동그래져서 기철을 쳐다보고

        **서희**    이 미친 새꺄! 우리가 엄마라고 부르는데
              넌 엄마한테 니가 뭐야?
        **경호**    (어이가 없어) 이런~ 미친년…!

확- 주먹을 치켜든 경호.

이때, 반사적으로 몸을 일으키는 효종.

그것을 본 경호가 놀라 멈칫하고

얼굴이 벌게진 경호가 손으로 머리를 긁적이며

**경호**  씨… 두고 봐. 국가 공무원들이 다, 단체로 나 때렸다고
      시, 신고한다….

**서희**  그래, 신고해. 근데 우리 국가 공무원 아냐….

**경호**  조, 좆 까!

**서희**  없는 걸 어떻게 까?

그만 픽- 웃음을 터트리는 기철.

경호가 그만 씩씩대며 나가버리자

힘없고 슬픈 얼굴로 대원들을 쳐다보는 순자.

> **순자** 아… 미안해. 다들….
>
> **서희** 죄송해요. 괜히 오바 한 거 같아서….
>
> **순자** 다 내 죄다. 저런 모지리를 낳은 죄….
>
> 자, 어여들 먹어….

대원들의 찜찜한 표정.

털레털레 주방으로 들어가는 순자의 머리 위로

길게 균열이 생긴 벽과 기둥.

## S#56 화재 빌라 주변 | 낮

아직도 화재의 흔적이 남아 있는 빌라.

가게 안에서 소주와 북어포를 들고나오는 슈퍼주인.

> **슈퍼주인** 성묘 가시나 봐…. 어떻게? 봉지 담아드려?
>
> **진섭** 아니 뭐… 괜찮아요….

진섭이 주머니에서 돈을 꺼내는데 주인이 쓱 진섭 너머를 쳐다보며

**슈퍼주인** 저기… 거기서 뭐 하세요?

**용태모** (V.O) 오늘이… 우리 아들 생일이라서요….

**슈퍼주인** …예?

뭔가 싶어 뒤를 돌아보는 진섭의 눈에 빌딩 앞에 쪼그리고 앉아
보자기를 푸는 용태 엄마가 보이자, 화들짝 다시 고개를 돌리는 진섭.
자리에 쪼그리고 앉아 보자기를 푸는 용태 엄마.

**용태모** 여기서 죽었어요. 몇 달 전에….

보자기에서 반찬 통을 꺼내는 용태 엄마가 빌딩을 올려다보며

**용태모** 밥만 좀 먹이고 갈게요….

그제야 끄덕이며 한숨을 쉬는 슈퍼주인.

**슈퍼주인** 아… 그때 죽은 소방관 엄마구나….
        (안으로 들어가며) 아이고… 참….

얼어붙은 채, 뒤를 돌아보지 못하는 진섭.
찬합 통에서 꺼내지는 겉절이김치.

## S#57  소방서 차고 | 낮

툭툭툭 대원들 앞에 놓이는 구조 장비들.
대원들 앞을 지나며 서류를 들고 확인하는 인기.

> **인기**  체인톱?
>
> **현수**  (위잉~ 켜 보며) 체인톱, 이상 무.
>
> **인기**  전개기, 램?
>
> **효종**  전개기, 램, 이상 무.
>
> **인기**  면체?
>
> **기철**  이상 유.
>
> **인기**  (고갤 들며) 유?

기철, 물이 줄줄 흐르는 면체를 들어 보이며

> **기철**  교대로 쓰는 갑부 팀이 씻고 잘 말려놓질 않아서
>        맨날 이래요.
>
> **인기**  알았어. 내가 한마디 하께….
>
> **효종**  장갑은요?
>
> **인기**  무슨 장갑?
>
> **효종**  지난달에 로프장갑이라도 사 준다고 했잖아요?

인기가 곤란한 듯 슬쩍 시선을 피하며

**인기**　기다려…. 예산 올렸으니까….

(Cut To)

구조차 지붕에 장비를 올리는 효종 뒤로 쇼핑백 들고 들어오는 효민.

**효종**　어? 너 웬일이냐?

위에서 내려다보는 효종을 지나 기철에게 가는 효민.

효종이 좀 머쓱해지며

**효종**　나 보러 온 게 아니구나.

기철 앞에서 쇼핑백을 열어 보이는 효민.

**효민**　자기 간식이랑, 마스크 팩… 비타민도 좀 챙겨왔지….
**기철**　(주변 눈치를 보며) 아… 뭐 이런 걸….

기철 뒤에서 두 사람을 부러운 듯 쳐다보는 현수.

효민 뒤쪽에서 장비들을 점검하던 인기가 씨익 웃으며

**인기**　야~ 기철이 사다리 차에 매달 날도 얼마 안 남았구나.

효민이 무슨 소린가 돌아보며 갸웃하더니

차 위에서 내려온 효종에게 다가와

효민   오빠, 정장 있어?

효종   왜?

효민   다음 달에 상견례잖아.

효종   (턱으로 기철을 가리키며) 야, 내가 재랑 밥 먹는데
       꼭 정장을 입어야 되니?

효민   그냥 밥이 아니잖아…. (흘기며) 입고 와, 꼭!

효종이 다시 기철 쪽으로 가는 효민을 보며

효종   아~ 저것들… 나 입원한 동안 병문안 온답시고
       둘이 눈 맞추느라 정신 없었던 거야….

## S#58  자판기 앞 | 낮

자판기에서 커피를 빼며 쓱 인상을 쓰는 진섭.
간담회에 앉아 있던 기자가 앞에서 수첩을 든 채

기자   (빙글빙글 웃으며) 야~ 서장, 대장도 다 가만있는데
       반장이 시원하게 한방 지르시던데… 허허….

별로 달갑지 않은 얼굴로 쳐다보는 진섭.

살짝 안면을 바꾸는 기자.

> **기자**   근데… 총 얼마 모였어요?
>
> **진섭**   …뭐가요?
>
> **기자**   있잖아요. 순직하신 분들한테 십시일반 만 원씩 모아
> 주는 거….
> 서울시 소방관들이 대략 5천 명….
> 5천 이상은 되겠다, 그죠?

슬머시 눈꼬리가 올라가는 진섭.

> **기자**   아니 뭐…. 성금 모아주고 그런 거도 다 좋고….
> 몇 년 동안 구조 횟수가 1등이셔서
> 표창이랑 포상금도 꽤 받고 하셨던데….

입맛이 쓴 얼굴로 기자를 쳐다보는 진섭 뒤로

차고로 향하는 철웅이 보이고

> **진섭**   그래서… 원하는 게 뭐요?

기자가 얼굴에서 웃음기를 싹 거두며

기자    사실 따지고 보면 소방관들이 딴 공무원들에 비해서
      뭐 그렇게 박봉에 시달리고 그 정도는 아니지 않나? 뭐
      여기저기 소방법 타령하면서 뒷돈도 좀 챙기는 걸로
      아는데….

잔뜩 굳는 진섭의 얼굴 위로

철웅    (V.O) 최철웅, 복귀 신고합니다.

**S#59   차고 | 낮**

경례한 철웅에게 하나둘 다가오는 대원들.

현수    (철웅의 가슴을 치며) 쉐에키… 얼굴 좋네~
철웅    (어색하게) 예….

여전히 까칠한 표정으로 다가온 기철.
노려보듯 하다가 철웅의 어깨를 툭 쳐주며.

기철    보고 싶었다, 임마….

이어, 효종과 눈이 마주친 철웅이 좀 머뭇거리자

괜찮다는 듯 두 팔을 활짝 벌리는 효종.

**효종**   오우~ 웰컴….

포옹한 철웅의 손이 효종의 등에 닿자

**효종**   앗! 따거!

흠칫-놀라서 떨어지는 철웅.
그러자 장난스레 웃는 효종.

**효종**   크~ 미안, 미안. 다 나았어, 이제.

**철웅**   죄송합니다….

**효종**   뭔 소리야? 너 괜히 그럴까 봐 일부러 그런 거야.

(철웅 어깨를 툭- 치며) 다 잊어….

이따가 치료제나 한잔하자….


이때, 복도에서 나오는 인기에게 거수 경례를 하는 철웅.


**철웅**   충성!

**인기**   (반갑게) 어, 왔나?


이때, 뒤에서 들려오는 목소리.


**진섭**   (V.O) 운동 계속 했어?


돌아보며 당장 뭐라 대답을 못 하는 철웅의 얼굴 위로


**인기**   (V.O) 나는 안 올 줄 알았다….


## S#60  복도 TO 체력 단련실 | 낮


구조대 복도를 걷는 진섭과 인기.

**인기**   ···일단 복귀한 것만 해도 나름 대견하다 아이가?

**진섭**   몸도 그렇고 눈빛도 그렇고···

다 흐물흐물해져서 어떻게 사람을 구해?

어쨌든 난 못 쓰니까 행정이나 구급 쪽에서 쓰던지.

**인기**   그래도 한번 기회는 주보자.

지 딴에는 많이 용기 내가 복귀한 건데···.

**진섭**   용기도 생각을 하는 거잖아?

우린 아무 생각 없이 움직여야 되는데···.

그리고 그놈 입스 온 거 같아. 눈동자가 영 불안해···.

**인기**   야··· 우리 중에 지금 입스 안 겪는 놈 있나?

그냥 다 그러려니 견디고 사는 거지···.

(문득) 아… 아까 그 기자는 뭐고?

**진섭**  몰라.

**인기**  뭐를 몰라?


이때, 체력 단련실 안으로 들어서는 인기 뒤로 모습을 드러내는 철웅.
인기가 슬쩍 눈치를 보며 나가고
굳은 표정으로 걸어와 진섭과 마주 서는 철웅.


**진섭**  당분간 집에 가지 말고 여기서 먹고 자.
2주 후에 체력 테스트해서,
그때 헤매면 바로 보직 바꾼다.
그리고 혹시 입스 왔으면 이 일 하지 마….
괜히 딴 사람들까지 피해 주지 말고….


할 말을 참고 있던 것처럼 보이던 철웅이


**철웅**  혹시… 후회는 없으십니까?


눈썹이 꿈틀하는 진섭.


**진섭**  …무슨 후회?

**철웅**  끝까지 무리하게 수색하신 거요….

한동안 굳은 얼굴로 철웅을 쳐다보다가 쓱 한 걸음 다가서는 진섭.

**진섭**　용태 대신에 요구조자를 구한 게 후회되냐 그 말이냐?

슬쩍 쫄지만 다시 입을 여는 철웅.

**철웅**　아예 그런 생각은 없으십니까?

두 사람의 눈길이 허공에서 부딪히고

**진섭**　넌 왜 소방관이 됐어?

잠시 주저하던 철웅이 결국 입을 열며

**철웅**　IMF때… 집이 망해서 아버지께서
　　　　제가 공무원이 되길 바라셨습니다….
　　　　운동을 했던 저도 잘할 수 있을 것 같았고요.

물끄러미 철웅을 쳐다보는 진섭.

**진섭**　나도 너처럼 시작했어….

철웅이 무슨 소린가 쳐다보면

진섭    어차피 군대에서 잘 훈련된 몸뚱이라도 써서
        먹고살아 볼라고….
        그런데 여기가 군대랑 다른 게 있더라.
        거긴 맨날 훈련이지만 여긴 매일 실전이야….

진지한 눈빛으로 철웅을 바라보는 진섭.

진섭    누굴 이기려고 내 목숨을 거는 게 아니라,
        요구조자의 목숨을 구하기 위해 내 목숨을 걸
        각오가 없으면 안 돼….

목젖이 크게 움직이는 철웅.

진섭    이 일을 계속 하는 게 맞는지,
        니 스스로 한번 잘 생각해 봐.
철웅    시험을 칠 겁니다.

미간에 진한 주름이 생기는 진섭.

철웅    병가 낸 동안 소방간부시험을 준비했습니다.
        1년 근무 가산점에… 혹시 붙으면 구조대를 떠날지도
        모릅니다.

진섭의 얼굴이 점점 굳어가고

　　**철웅**　그래서… 나중에 높은 위치에 오르게 되면
　　　　　우리 소방관의 지휘체계를 개선하는…

뻑 – 소리와 함께 바닥에 쓰러지는 철웅.
진섭의 얼굴이 벌겋게 달아오른 채

　　**진섭**　다들 고생하면서 기다려줬더니… 뭐 어째?

진섭이 무시하듯 단련실을 떠나며

　　**진섭**　그래. 간부 돼서 니 한 목숨이나 잘 구해라. 새끼야….

바닥에 혼자 남은 철웅의 상기된 얼굴 위로

　　**아나운서** (V.O/F) 아~ 안타깝습니다….


## S#61　진섭 집 | 해 질 녘

물끄러미 TV를 쳐다보는 진섭의 얼굴 위로

**아나운서** (F) 이제 스코어는 2 대 0….

지난번 경기에 이어 우리 대표팀이

고전을 면치 못합니다.

내년 월드컵이 매우 걱정스럽습니다….

마루에 차려진 밥상 앞에서 숟가락을 든 채

딴 생각에 잠겨 있는 진섭.

이때, 상 위에 툭- 놓이는 후라이드 치킨.

**도순**      계약했어….

계속 멍한 얼굴인 진섭.

도순이 더욱 큰 소리로.

**도순**      치킨집! 계약했다고~

그제야 문득 아내를 보는 진섭.

**진섭**      뭐라고…?

쓱 계약서를 보여주는 도순.

**진섭**      무슨 돈으로?

도순    그동안 내가 노래방 도우미 하면서
        좀 모아둔 게 있어.

진섭    뭐?

도순    놀래기는…. 결혼하고 처음으로 친정에다 돈 꿨다.
        드셔봐, 다들 맛있대.


치킨을 보며 가볍게 한숨을 쉬는 진섭.
속이 안 좋은지 끅끅대며 가슴을 두드리는 진섭 아내.


도순    먹어보라니까, 진짜 지난번이랑은 달라.


닭 다리를 하나 들어 입에 가져가는 진섭.
한입 베어 물더니 아무런 표정 없이 질겅질겅 씹는다.
그러다 툭- 치킨을 놓고 자리에서 일어서자


도순    왜? 별로야?

진섭    술 있어?

도순    또?


점퍼를 집어 든 진섭이 성큼성큼 현관으로 향하자


도순    어디 가?

대답 없이 쿵- 문이 닫히자, 시계를 보며 한숨을 쉬는 진섭 아내.


**도순**  근데… 이 자식은 몇 신데 안 와?


남은 치킨을 보며 가슴을 툭툭 치는 아내.



## S#62  양복점 | 해 질 녘


양복점 사장이 기철이 입은 양복에 가봉 핀을 꽂으며


**양복사장**  야~ 체형이 모델 해도 되겠다. 자, 됐고….
        잠시만 앉아 계셔~


(Cut To)

양복점 소파에 나란히 앉아 있는 두 사람. 기철이 문득 효민의 배를 보며


**기철**  근데… 연수가 나아, 수연이가 나아?
        어떡하든 '물 수(水)'자 하나는 넣고 싶은데….
**효민**  이름에 '물 수'자를 쓰나?
        보통 '빼어날 수(秀)' 그런 거 쓰지 않아?
**기철**  그야 우리가 짓기 나름이지….

기철이 상체를 숙여 효민의 배에 손을 대보며

**기철**   물어보자. 얘, 넌 어떤 이름이 좋으니?

효민의 눈에 기철의 정수리 중간에
동전만 한 크기의 탈모 자국이 보이자

**효민**   어머… 여기 왜 이래?
**기철**   아… 원형 탈모. 없어지겠지….

측은한 눈빛으로 기철을 바라보던 효민이 문득

**효민**   아, 근데… 자기를 사다리차에 매단다는 게
          무슨 소리야?
**기철**   아~ 그거…. 우리 소방서 전통. 결혼식 전날에
          사다리차에 매달아 놓고 호스로 막 물 뿌려줘….
**효민**   (깜짝 놀라며) 아니… 왜?

**S#63  노래방 │ 밤**

노래방 화면을 비추는 카메라가 점점 위로 뜨고

진섭    사랑은 기쁨보다 아픔인 것을~

나에게 심어주었죠~


목청껏 고함을 지르며 노래를 부르는 진섭의 뒷모습을 잡다가
간주가 나오자 앞에 놓은 소주를 한 잔 따라 쭈욱 마시는 진섭.
툭- 잔을 내려놓더니 멍한 얼굴로 노래방 화면을 응시하며


진섭    아… 씨…. 약빨 안 듣네….


## S#64  구조대 사무실 | 밤

책상에 엎드려 잠든 철웅의 얼굴 위로 흥얼흥얼 노래 부르는 소리.

용태    (V.O) 사랑했어요~ 그땐 몰랐지만~


철웅이 눈을 떠 보면 옆에서 돌아보며 웃고 있는 용태.


철웅    어…? 형…!


벗은 발에 유성펜을 든 채


용태    야 … 근데 이건 유성이라서 잘 안 지워지는 거 아냐?

순간, 자신의 주머니에서 붉은색 수성펜을 꺼내는 철웅.

**철웅**　자, 형. 이거 써…. 나 이제 가지고 다녀.

**용태**　우~ 짜식… 제법인데….

용태의 손이 철웅이 건네는 수성펜을 받으려는 찰나,
때르르르릉~~ 하고 요란하게 울려 퍼지는 벨 소리.

**철웅**　헉….

엎드려 자고 있던 철웅이 번쩍 눈을 떠서 옆을 보면 아무도 없다.
주위를 둘러보다 황급히 사무실을 뛰쳐나가는 철웅.


**S#65**　**차고** │ **밤**

복도를 달려 차고 안으로 헐레벌떡 뛰어오는 철웅.
부리나케 벽에 걸린 소방복으로 갈아입는다.

**진섭**　(V.O) 어디 가?

언제 나타났는지 그 모습을 빤히 쳐다보고 있는 진섭.
철웅이 눈을 동그랗게 뜨고

**철웅**    출동이요….

**진섭**    (둘러보며) 벨 안 울렸는데?

그제야 자신도 주변을 돌아보는 철웅.
한동안 멍하니 서 있다가 다시 소방복을 걸어놓고 가는
철웅을 쳐다보는 진섭의 얼굴 위로

**경리팀장** (V.O) 위험수당?

## S#66   자판기 앞 | 낮

자판기 커피를 뽑아 걸어가는 인기와 또래의 경리팀장.

**경리팀장** 그건 연말에 보너스랑 나갔잖아?
        올해 기껏해야 두 달, 오만 원도 안 되는데….

경리팀장을 졸졸 따라가는 인기가 나름 품위 있게

**인기**    좋아 그라믄… 니가 개인적으로라도
       쫌 융통을 해주면 안 될까? 응?

**경리팀장** 아, 그냥 돈 빌려달라 그래~ 얼마?

두 사람이 화면에서 사라지는 것과 동시에
서희와 철웅에게로 이동하는 카메라.

**서희**　　무조건 따라와. 반장님 명령이야….

철웅이 영 내키지 않는 듯한 얼굴로 따라가며

**철웅**　　알았으니까… 그래도 그 동넨 가지 마….

서희가 대꾸가 없자 철웅이 더 큰 소리로

**철웅**　　가지 마, 이번에는….

우뚝 걸음을 멈추고 돌아보는 서희.

**서희**　　언제까지 니 응석 받아줘야 되니?
**철웅**　　…뭐?

짜증나는 듯 다시 차에 오르며

**서희**　　손 많이 가는 남자 딱 질색이야.
　　　　　가서 또 울고 토하고 그러면 확 죽여버릴 거야.

## S#67  장갑집 | 낮

매장 진열대 위에 놓인 멋진 방화장갑들.
껌을 짝짝 씹는 여주인이 하나씩 손으로 가리키며

> **여주인**   이건 미제, 이건 캐나다… (나머지 한 개를 가리키며)
>
> 사실 이 독일제가 제일 좋긴 한데 가격이 좀 쎄요….
>
> **인기**   얼만데요?
>
> **여주인**   이십….
>
> **인기**   (놀라며) 와~ 딴 거 두 배구나….
>
> **여주인**   그냥 미제로 하세요…. 제일 무난하니까.
>
> **인기**   많이 사면 좀 깎아줍니까?
>
> **여주인**   몇 개나 하실라고?
>
> **인기**   다섯 개 정도….
>
> **여주인**   얼마나 쓰실 건데?
>
> **인기**   삼십….
>
> **여주인**   에이~ 그렇게는 못 빼드려요.
>
> 우리도 다 들어오는 가격이 있는데….

고민스러운 인기가 독일제 장갑을 만지작거리며

> **인기**   아~ 이기 좋긴 좋은데….

## S#68  유흥가 거리 | 낮

양쪽으로 차들이 잔뜩 주차된 도로를 주행하고 있는 순찰차.
조수석에 앉아 묵묵히 전방을 보는 철웅.
철웅의 눈에 보이는 골목길 풍경.
담배 꽁초를 쓰레기 더미 위에 툭 던지는 어느 할아버지.
아무데나 차를 세우고 가게를 들어가는 남자 옆을 지나는
가스통 배달 오토바이.


    **서희**    (V.O/ECHO) 2238! 2238 엑센트 차주!
                 3791! 포터 차주!

차 빼세요!

멈춘 순찰차 앞으로 내리는 서희. 잠시 후, 건물 안에서 나오는 퉁퉁한 차주. 당시 유행하던 더듬이 머리에 노란 물을 들였다.

**서희**   2238 차주 되세요?

**차주**   예…. 왜요?

**서희**   여기 소방차 도로예요. 차 빼주세요.

**차주**   (둘러보며) 어디… 불 났어?

**서희**   불은 안 났는데 그래도 빼주세요. 이거 불법주차예요.

**차주**   (목을 빼 순찰차를 보며) 아니이~ 누군데? 당신들이….

**서희**   관할지역 소방관입니다.

**차주**   소방관? 하, 참… 왜 주차를 소방관이 뭐라 그래?

          당신이 경찰이야?

**서희**   그럼 경찰 부를 테니까 기다려요.

서희, 핸드폰 들고 번호를 누르자
차주가 할 수 없이 차 문을 열며

**차주**   하~ 빼께, 빼께…. 참, 씨발….

(Cut To)
달리는 차창 밖에 사이드미러 속에 잡힌 철웅의 얼굴.

서희    교육 받을 때 들었어…. 외상 후 스트레스 장애는 절대

심리적으로 약해서 그런 게 아니라고….

사람들이 벌써 그 일을 잊는 것 같아서

막 화가 나고 아주 예민해진대….

그래서 나라도 오래 기억을 해야 한다는

강박도 생기고….

전방을 보는 철웅에게 차분하게 말을 잇는 서희.

서희    하지만 너만 그런 건 아니야. 우리 모두 그래….

그냥 여럿이 함께 있을 때 서로 아무렇지도 않은

척하는 거지….

## S#69  대기실 | 낮

목에 타월을 두른 채 대기실로 들어서는 기철.

침낭에 앉아 등을 돌리고 있던 민짜 얼굴이 쓱 돌아본다.

기철    헉! 뭐, 뭐야~?

효종의 얼굴에 붙어 있는 마스크팩.

기철이 황당해서 쳐다보면

효종   야! 아직은 내 동생이야.

효민이가 너한테 가져온 거지만…

오빠인 나도 뭐 충분히 쓸 수 있는 거잖아?


인상을 쓰며 마스크팩 쪽으로 이동하는 기철.


기철   아, 누가 뭐래?

효종   (기철 따라 고개가 돌며) 상견례는 너만 하냐?

나도 나가야 되는데….

(비타민 통을 들어 보이며) 이거도 몇 개 먹었어.

**기철**　그래~ 잘 했어~


기철이 자신도 마스크팩 하나를 집어 드는데
갑자기 쓱 정색을 하는 효종.


**효종**　야, 근데 나 솔직히 하나만 물어보자.


뜨끔해서 돌아보는 기철.


**기철**　뭐…?


## S#70 　현수 집 옥탑방 | 낮


철웅과 서희를 따라다니는 강아지들.
대부분 다 얼굴과 몸에 상처를 입었고
귀가 하나 없는 고양이도 구석에서 몸을 웅크리고 있다.
사료를 나눠주는 현수를 신기한 듯 쳐다보는 서희.


**서희**　야~ 애들이 전부 다 현장에서 데려온 애들이에요?

**현수**　응…. (턱짓하며) 마루치는 작년에 홍수 났던 동네,

지니는 화재 났던 집….

콩이는 IMF 때 자살한 사람 옆에 있던 아고….

부모님 생각에 살짝 입술을 깨무는 철웅.

현수가 덩치 큰 레브라도 견을 가리키며

> **현수**　용감이는 119구조견이었는데 나이가 들어가 안락사
> 시키기 전에 데리왔지….

현수가 용감이 목을 감싸 안고 볼을 비빈다.


## S#71 　소방서 대기실 | 낮

마스크팩을 하고 나란히 누워 있는 효종과 기철.

> **효종**　홍수 나서 물에 다 떠내려가려면 개, 돼지는 다 구해도
> 절대 사람은 구하지 마라.
> 사람은 구해주면 자기 신발까지 건져오라 난리 친다….

기철이 무슨 소린가 쳐다보면

> **효종**　우리 할머니가 자주 했던 말이야….

**기철**    그땐 119가 없었나 보네….

**효종**    야, 솔직히 너 소방관 되고 사람들 웃는 거
               몇 번이나 봤어? 우린 맨날 우는 거, 죽는 거….
               그런 것만 보잖아. 불 끄고 사람 구해줬다고
               웃는 사람 본 적 있냐고?

기철이 쓸쓸한 미소를 짓고

**효종**    그런데 만약에 치킨집 같은 거 하지? 손님들 다 웃어.
               주문할 때부터 웃어, 닭 나오면 막 박수 쳐.
               다 먹고 나서도 또 고맙다 그래.

얼굴의 마스크팩을 떼며 쓱 자세를 고쳐 앉는 효종.

**효종**    용태 죽고 나서 나도 생각이 좀 많아지더라….
               진짜 누가 봐도 사람 좋았잖아.

자신도 마스크팩을 떼는 기철.
후~ 한숨을 쉬며 기철을 쳐다보는 효종.

**효종**    난 우리 집안에 구조대원이 하나면 족하다고 생각해….
               내가 이렇게 간절히 부탁해도 너 행정직 안 갈래?
               우리 동생… 아니, 장차 태어날 니 애를 생각해서라도?

그 말에 뜨끔하는 기철.

설마 아냐? 하는 표정으로 쳐다보지만

여전히 멀뚱멀뚱 같은 표정인 효종.

안도한 눈길을 돌려 책상 위의 효민과 찍은 사진(C.U)을 보는 기철.

**기철**  그럼 이렇게 해….

**효종**  어떻게?

**기철**  집안에 구조대원이 하나인 게 나으니까 …

그냥 형이 행정직 가. 그럼 선 볼 때도 좀 유리할 거고

어머님 근심도 좀 덜고….

뚫어지게 기철을 쳐다보던 효종.

**효종**  그래…. 으휴~ 내가 괜한 소리를 하는 가 싶더라.

다시 팩을 덮더니 포기한 듯 털레털레 대기실을 나가고

효종의 뒷모습을 좀 미안한 듯 바라보는 기철.

## S#72  현수 집 옥상 | 해 질 녘

해가 저물며 빽빽한 홍제동 언덕 가옥들에

하나둘씩 불이 들어오기 시작하는 옥탑방 옥상에 앉은 세 사람.

굽고 있는 삼겹살 조각을 던져주자 낼름 받아먹는 강아지들.
마신 소주병들이 놓여 있고 얼굴이 이미 달아오른 서희가
황혼으로 물든 하늘을 바라보다 감상에 젖은 듯

**서희** 아… 그냥 이대로면 좋겠다.

고갤 돌려 서희를 쳐다보는 철웅.

**서희** 누가 죽거나 다치지 않고…
저렇게 아름답고 평화롭게만 지내면….
(씁쓸하게 웃으며) 다 꿈이겠지만.

살랑살랑 꼬리를 흔드는 강아지들을 어루만지는 현수.

**현수** 나는 야아들이 내 치료제다.
이런 거 저런 거 다 잊게 해주는 치료제.

자신도 멀리 전경을 내려다보는 현수.

**현수** 용태 형이 여기 참 좋아했었는데….

숙연해진 표정의 철웅과 서희.
현수가 잔을 털어 입에 넣더니 아무 말없이 하늘을 올려다본다.

## S#73  편의점 앞 | 밤

지나가는 차의 헤드라이트 불빛 너머로
파라솔 테이블에서 맥주를 마시는 철웅과 서희.
편의점 큰 창을 등진 철웅이 취한 듯 약간 혀가 꼬인다.

> **철웅**  효종이 형은… 나 때문에 화상까지 입어놓고
> 아무 표시도 안 내니까…
> 그게 더 사람을 미안하게 만들어.
>
> **서희**  (땅콩을 까며) 그런 생각 안 해.
> 덕분에 자기도 훈장 달았다고 뿌듯해하잖아….
>
> **철웅**  다 척하는 거잖아. 니 말처럼….

쓱 미간에 주름이 생기는 서희.
스멀스멀 눈이 감기는 철웅을 보며

> **서희**  너 취했구나. 가자….

꼬부라진 혀로 계속 말을 하는 철웅.

> **철웅**  니가 그랬잖아. 다 척하는 거라고….
> 괜찮은 척, 용감한 척, 강한 척…. 몸이랑 속은 다
> 엉망진창인데 왜 그렇게 사는지 모르겠다.

씨발….

기분이 상한 서희가 일어나 가방을 챙기며

서희    그래서 사람들 많이 구했어. 자, 일어나.

철웅    아…. 미친…. 효종이 형 덕분에 살고
       대장님이 막아서 안 들어갔고….
       다 배려해 준 덕분에 내가 이러고 있는데….
       씨~ 내가 맞을 소리 했지.

서희    누구한테 맞아?

철웅    진섭 반장….

서희    니가 뭐라고 했는데?

철웅    왜 끝까지 무리하게 수색을 해서
       용태 형을 죽게 만들었냐고….

서희    (기가 차서) 미쳤구나. (어이 없단 듯) …사과했어?

철웅    (고갤 저으며) 노우….

서희    내일 가서 당장 사과드려.

철웅이 고갤 들어 쳐다보면
서희가 야무진 표정으로 노려보며

서희    그렇게 사람 가슴에 못을 박으면,
       너 평생 후회할 거잖아….

| 철웅 | 평생 후회? 그건 진섭 반장이 더 하겠지⋯. |
| --- | --- |
| 서희 | 뭐? |
| 철웅 | 평생토록 용태 형이랑 가족한테 |
| | 죄책감 없이 살 수 있겠어? |
| 서희 | 알긴 아는구나. 쪼다 같은 게⋯. |
| 철웅 | 그러니까 왜 맨날 그렇게 주먹구구냐고? |
| | 시대가 어느 시댄데⋯. 그런 기본 매뉴얼도 안 지켜서 |
| | 자기 대원을 죽게 만들었냐고⋯? |

기가 차서 처다보는 서희에게 계속 주절대는 철웅.

| 철웅 | 현장 안전관리 표준지침 1조 2항⋯ |
| --- | --- |
| | 현장 활동에 자의적인 행동 금지, |
| | 반드시 지휘관 명령에 따라 임무를 부여받아 수행. |
| | 현장 안전이 확보되지 않은 상태에서⋯ |
| 서희 | (말을 자르며) 그래서? 넌 그런 거 외울라고 공부하니? |
| | (가방을 챙기며) 아무래도 넌 사람 구하면서 살 자격이 |
| | 없는 것 같다⋯. |
| 철웅 | 말 조심해⋯ 씨발⋯. |

서희가 다시 휙– 돌아서며

| 서희 | 너나 조심해 새꺄. 확, 날려버리기 전에⋯. |
| --- | --- |

서희가 그만 테이블을 떠나자
혼자 우두커니 앉아 다시 맥주 캔을 집어 드는 철웅.
그런데 가던 서희가 쓱 몸을 돌려 성큼성큼 다가오더니
가방에서 휴지를 꺼내 주며

**서희**  닭아. 등신아.

어느 새, 철웅의 코에서 흘러내리는 붉은 피.


## S#74  치킨 집 앞 | 낮

부동산 중개업자가 인사하고 헤어지는 상황.
멍한 얼굴로 치킨 집 간판을 올려다보고 있는 진섭.
진섭 앞으로 다가온 아내는 조금 들떠서

**도순**  권리금 없는 게 어디야? 이제 우리가 열심히 해서
        이 동네에서 제일 유명한 집으로 만들면 되지….

그러다 힐끗 진섭을 보며

**도섭**  아직도 갈등해?
**진섭**  좀 아쉬워서 그러지….

**도순**    뭐가?

**진섭**    몇 년 더 하면 연금도 나오고 하니까….

**도순**    (쓱 다가서며) 몇 년?

**진섭**    한 십 년….

또 딸꾹- 헛구역질을 하는 진섭 아내.

**도순**    아… 하도 헛구역질을 많이 하니까 병원 가서 내시경,
엑스레이 다 찍었는데… 신경성 만성 위장장애래.

미안한 듯 입술을 다문 진섭.

**도순**    그렇겠지…. 이젠 사이렌 소리만 들어도
가슴이 철렁하니까….

진섭이 미안한 눈길로 쳐다보면

**도순**    죽을 때까지 나만 사랑하겠단 말 때문에
결혼까지 했지만…
정말 생명보험도 못 드는 직업을 가질 거라곤
상상도 못 했어….
그런데, 나보고 10년을 더 견디라고?

그렁그렁한 눈으로 진섭을 쳐다보는 아내.

도순  용태 삼촌 그렇게 되고… 나 정말 힘들어….

## S#75  구조대 복도 │ 낮

목에 타월을 두른 채 우람한 근육을 씰룩이며
복도의 라커로 다가가는 효종.

라커를 열더니 어? 하고 물음표가 생기는데
독일제 방화장갑에 붙은 포스트잇에 써진 글씨.

　　　　글씨　　아끼 써.

효종이 입구 쪽을 쳐다보며

　　　　효종　　우~ 웬일이야….

효종 뒤로 모습을 드러내는 철웅.
그의 라커 안에도 놓인 독일제 장갑에 붙은 쪽지.

　　　　글씨　　힘내!

자못 미안한 표정이 된 철웅.
장갑을 책이 든 가방에 넣으며 붉어지는 얼굴.


**S#76　복도 창 밖/미장원 | 낮 교차**


복도 창 너머에서 안쪽을 훔쳐보고 있는 인기.
나름 뿌듯한 듯 얼굴에 미소가 일어나는데,
이때 띠리리릭~ 울리는 핸드폰.

인기가 슬쩍 찔리는 표정으로 받으며

(Cut To)

미장원에서 카드 명세서를 보며 무선 전화기를 든 인기의 아내(원장).

인기    (V.O/F) 응…. 와?

인기처   당신 혹시 내 카드 쓴 적 있나?

인기    (버벅대며) 카드? 무슨…?

        아… 내 출동이다…. 끊는다~~

(Cut To)

황급히 전화를 끊는 인기에게 다가온 진섭이

물음표가 담긴 얼굴로 쳐다보며

진섭    무슨 출동?

인기    으, 응… 아니. 이따가 점심 같이 묵을래?

진섭    그래. 서장님이랑 같이.

인기    (눈이 동그래져서) 서장님? 와?

## S#77  소방서 식당 | 낮

치치익~ 프라이팬에 부치는 계란과 햄.

상봉, 준혁 등 진압대원들이 샌드위치를 식판에 담아놓자
자연스레 세 개를 가져가는 현수.
서희도 샌드위치 두 개를 집어 들자
뒤에서 보던 효종이

        **효종**    어유~ 많이 먹네….

옆에 놓인 호일에 샌드위치를 싸는 서희.

        **서희**    반장님이 철웅이랑 순찰 돌래….

힐끗 쳐다보는 효종의 시선에
서장과 함께 식사를 하는 진섭과 인기가 보이고

        **효종**    (힐끗 진섭 쪽을 보며) 아 참….
                왜 자꾸 구조대한테 그런 걸 시켜?

딱히 뭐라 대꾸를 않고 나가는 서희.


**S#78  유치원 앞 도로 | 낮**

도로 갓길에 세워진 소방 순찰차.

근처 편의점에서 우유를 사 들고나오는 서희,

걸어오며 창문 내리라고 손짓한다.

창문 너머로 우유를 넘기고 운전석에 올라타는 서희.

철웅이 물음표가 담긴 얼굴로 주변을 둘러보며

**철웅**   여기서 뭐 하게?

**서희**   있어봐.

서희가 손목시계를 확인하더니

길 건너편에 있는 유치원을 바라본다.

잠시 후, 철웅을 치며 유치원에서 나오는 여자 아이를 가리키는 서희.

**서희**   쟤 좀 봐….

유치원을 나와 선생님과 횡단보도 앞에 서는 아이.

파란 불이 켜지자 아이가 손을 번쩍 들고 선생님과 횡단보도를 건넌다.

**서희**   귀엽지?

철웅이 제대로 눈길을 주지 않자

**서희**   봐봐…. 귀엽잖아.

**철웅**   그래. 귀엽네.

철웅, 건성으로 말하고는 시선 돌리다 다시 고개 든다.

아이 가방에 매달려 대롱거리는 인형.

왠지 그 인형에 시선이 꽂힌 철웅.

옆에서 나지막한 톤으로 입을 여는 서희.


**서희**  용태 오빠가 구한 건

책상이나 운동화 같은 물건이 아니야.

그토록 살리고 싶어 했던 한 생명이고, 한 가정이야.


횡단보도를 건넌 아이가 엄마에게 가서 안긴다.


**서희**  만약에 용태 오빠가 살고 쟤가 죽었으면…

용태 오빠, 진섭 반장, 너… 그리고 저 엄마가

과연 행복하게 살았을까?


아이가 문득 철웅을 쳐다보고

얼굴이 붉어진 채 아이를 쳐다보는 철웅.

고갤 돌려 철웅의 가방을 보는 서희.


**서희**  가방 가지고 내려….


문득 무슨 소린가 쳐다보는 철웅.

서희   너 데리고 나가서 오후부턴 시간 편하게 쓰게 하래.

철웅   …누가?

서희   진섭 반장이. 너 시험 얼마 안 남았다고….

자신도 모르게 목젖이 크게 움직이는 철웅.
곰곰이 생각을 하다 무슨 말을 하려는데

서희   반장님 담달에 그만둔대.

        언니가 벌써 치킨집도 계약했고.

순간, 아무 말을 하지 못하는 철웅.

## S#79  만화방 | 밤

만화방 구석에서 노름을 하고 있는 동네 놈팽이들.
판에는 못 끼고 양아치 뒤에서 패를 힐끔거리는 경호.
'24시간 영업'이라는 푯말 아래,
TV 속에 등장한 히딩크를 힐끗 보더니

경호   개나 소나 다 감독질…. 히딩큰지 개딩큰지….

        저런 찐따 같은 놈을 뭘 믿고 감독을 시켜?

        돈은 졸나 받아 처먹는 게….

경호 옆의 양아치 남자가 한심하단 듯 힐끗 보며

> **양아치** 너 쟤가 얼마 받는지 알아?
>
> **경호** 최, 최소한 몇억 받지, 씨~ 형은 알아?
>
> **양아치** 몇억이 아니라 몇십억, 병신아.
>
> 하기야 니 머리로 계산이 되니?
>
> 맨날 천 원짜리만 들고 다니는 놈이….

피식피식 웃는 다른 양아치들.

> **경호** 아 씨~ 새 차 샀다고 조, 졸라 유세 떠네….
>
> 그, 근데… 경마 몇 배짜리 터졌어?
>
> **양아치** 터지긴 뭘 터져? 그냥 열나 일해서 돈 번 거지,
>
> 미친놈아….
>
> **경호** 아~ 진짜, 까네 씨…. 확… 새 차에 또, 똥을 싸버린다!

갑자기 뒤로 주먹을 날리는 양아치.
픽- 소리와 함께 코를 잡고 울상이 되는 경호.

> **경호** 이 씨… 왜 때려?
>
> **양아치** 가! 병신아. (무시하듯) 돈이나 가져와서 끼던지….

덤비지도 못하고 씩씩대다가 그만 자리에서 벌떡 일어서는 경호.

대기실 입구에 놓인 제면기의 나사들을 드라이버로 풀고 있는 진섭.
그 앞에 서 있는 효종과 서희.

> **진섭** 맛없어… 엄청. 그러니까 동수도 안 먹지….
>
> 뻑뻑하고 짜고….
>
> **서희** (걱정스레) 어떡해요, 그럼?
>
> **진섭** 뭘 어떡해? 그냥 망하면 되지….
>
> **효종** 예?

제면기를 열어 안을 보며 딴소리를 하는 진섭.

> **진섭** 손 끼는 사고가 자주 나서 롤러 푸는 연습 좀 할라고
>
> 그런다니까…
>
> 고물상 사장님이 그냥 공짜로 가져가라더라.

서희와 효종이 대책 없단 표정을 짓고
진섭이 제면기 안을 이리저리 살피며

> **진섭** 동수가 그러는데 우리 집사람이 자다가 한 번씩
>
> 벌떡벌떡 일어난대….
>
> 그래서 일단 작전상 후퇴하기로 마음먹은 거야.

딱 1년만….

동수랑 같이 시간도 좀 보내고….

**효종**   그럼 나중에 복직시켜 준대요?

**진섭**   여기는 안 되고 딴 데 지방에 가야지.

다시 늬들이랑 같이 있을 순 없어도….

**서희**   소도시나 지방 쪽이 더 힘들다는데….

**진섭**   우리 일이 힘들어 봐야 그게 그거지, 편하면 더 위험해.

(웃으며) 대신 치킨집 할 동안에는 한 번씩들 와라.

**효종**   무조건 가야죠. 아무리 맛이 없어도….


제면기 안을 보다가 빙그레 웃는 진섭.


**진섭**   그래… 이거네. (효종에게) 일루 와 봐….

이거 분해한다고 3, 40분씩 걸릴 거 없겠다.


효종이 다가가 보면 진섭이 제면기 롤러를 감고 있는
작은 벨트 하나를 가리키며


**진섭**   이 벨트 하나만 자르면 금방 뺄 수 있어….

(문득) 아, 다음 반장으로 너 추천했다.


순간, 뭐라 대꾸를 못하고 먹먹하게 서 있던 효종이

효종    혹시… 용태 일 때문이세요?

서희가 살짝 입술을 깨물고, 동작을 멈춘 채 잠시 대꾸가 없는 진섭.

진섭    영어로… 우리를 뭐라 그러지?
효종    영어?

효종이 뜬금없단 표정으로 쳐다보다가

효종    소방관… 파이어맨…?

진섭이 빙긋이 웃으며

진섭    파이어 파이터…. 난 그 말이 더 좋더라.

효종과 서희가 서로를 쳐다보고

진섭    불이랑 싸우는 투사들….
        화마랑 싸우고, 두려움과 싸우고, 슬픔과 싸우고,
        결국엔 자기 자신과도 싸우는 사람들….

자못 진지한 눈빛이 되는 진섭.

진섭     용태는 정말 파이터 중에 파이터였어….

그런 용태가 하늘에서 내려다보고 있는데,

나 이 일 못 그만둬.


그만 숙연한 눈길로 고개를 숙이는 효종 뒤로

부웅~ 소방서 안으로 들어오는 차 한 대.

민원실 앞에 멈춘 차에서 내려

쫄래쫄래 민원실 쪽으로 들어가는 기자.

그것을 본 진섭이 슬쩍 제면기와 차를 번갈아 보더니


진섭     하나 더 해결하고 가자….


(Cut To)

픽– 콱– 챙그렁~ 차창과 본네트에 내려 꽂히는 해머.

진섭이 있는 힘껏 해머로 기자의 차를 박살 내버리자

놀라서 튀어나오는 기자.


기자     지… 지금 뭐하는 거예요~!

진섭     (계속 해머를 휘두르며) 어떤 새끼가 출동 나갈 차 앞에다

주차를 해놓은 거야~


콱– 콱– 부서지는 차를 보며 어쩔 줄을 모르는 기자.

**S#81　고사장 | 낮**

시험을 치르고 있는 2, 30대의 응시자들.
칠판 중간에 크게 〈제12기 소방간부 후보생 공개선발시험〉이라는
글씨와 시간표가 쓰여 있다.
집중해서 답안지에 하나씩 표시를 하는 철웅.


**S#82　치킨집 앞/안 | 낮**

치킨집 밖에 잡동사니와 쓰레기들이 쌓인 곳에
낡은 소파를 던져놓는 진섭.
안에서 청소하는 진섭 아내가 먼지 때문에 푸~푸~거리는
모습 너머로

　　　진섭　　내일 아침에 봐. 사무실 짐들 다 챙겨서 올 거니까….
　　　도순　　도와주러 가?
　　　진섭　　아니야, 수고해….


**S#83　순자 식당 앞/안 | 밤**

밤이 된 순자 식당 내부 전경.

잠에 곯아떨어진 순자 머리 위로 살금살금 움직이는 발.

드르륵- 천장 아래 여닫이 문이 열리고

그 안에 든 잡동사니와 공과금 서류들을 뒤지는 경호.

조심스레 순자의 눈치를 살피며 뒤지다가

보험사 서류 봉투 하나를 발견하는 경호.

안을 열어 서류들을 확인하다가 슬며시 멍청한 미소가 일어나는데

**순자**  (잠결에) 뭐… 해…?

화들짝 놀라서 미닫이를 닫는 경호.

**경호**  으… 응…. 만화방 가게. 잠 안 와서….

슬며시 방을 빠져나간다.


## S#84  **소방서** | 밤

요란한 벨과 스피커 소리(C.U)가 울려 퍼지는 가운데

**스피커**  (V.O/F) 화재 출동! 화재 출동!

우르르 뛰어나오는 대원들 가운데 진섭과 인기.

<table>
<tr><td>**진섭**</td><td>어디래?</td></tr>
<tr><td>**인기**</td><td>불광동….</td></tr>
</table>

우르르 차에 오르는 소방대원들.


(Cut To)

에에에엥~ 요란한 사이렌을 울리며 출발하는 소방차들 위로 무전 소리.


**스피커**　(V.O) 은평구 불광동 화재 출동! 일반주택 1층 건물,

시건 중인 상태에서 연기 발생, 요구조자 확인 바람!


## S#85　도로/구조차 안 | 밤


사이렌을 울리며 도로를 질주하는 소방차들.


## S#86　진섭 집 | 밤


멀리서 사이렌 소리가 들려오자 소파에서 잠을 자다

벌떡 일어나는 진섭 아내.

켜진 TV와 밖을 번갈아 보며, 들려오는 사이렌 소리에

손으로 가슴을 잡더니 문득 시계를 본다.

밤 11시가 조금 넘은 시각.

**S#87  구조차 안 | 밤**

구조차 뒤에서 떨리는 손을 잡아 꽉 깍지를 끼는 철웅.
크게 숨을 내쉬며 호흡을 가다듬는다.

**S#88  상가 구석 | 밤**

상가 구석의 어둠 속에서 모습을 드러내는 경호.
손에는 신문지로 뚜껑을 막은 소주병과 생활 정보지를 들고
건물 위를 쳐다보는 모습 위로

    **양아치**　(V.O) 파이어….

(Insert)(회상)
만화방 구석에서 찰깍-찰깍- 불꽃을 만들어 보이는 양아치.

    **양아치**　니가 이 작은 불꽃의 힘을 알어?

동그랗게 눈을 뜨고 라이터 불꽃을 쳐다보는 경호.

**양아치**    우리 집에 불 나면 보상금…. 옆 집에 불이 나도
최소한 배상금은 나오거든….


## S#89 **불광동 가옥 앞** | **밤**

사이렌 경광등 너머로 소방차들이 잔뜩 모여 있고
대원들에게 다가온 경찰.

**경찰1**    아… 이거 도둑이 들었는데… 신고가 잘못 접수된 거
같습니다.

인기가 경찰차 너머의 멀쩡한 집을 한번 쳐다보고

**인기**    아, 예. 알겠습니다. 수고하십시오….

뒤에 있던 대원들을 향해

**인기**    철수! 오인 신고~

다시 우르르 구조차에 오르는 대원들의 모습 위로
삐리리릭~ 전화 벨 소리.

**S#90   119 신고센터** | 밤

요란하게 울리는 신고 센터의 벨 소리.

> **센터대원** 119입니다. 무엇을 도와드릴까요?
>
> **경호**   (V.O/F) 저, 저기… 여, 여기… 호, 홍제동, 홍제동에서
>
>        부, 불 나는 것 같은데.
>
> **센터대원** 예? 지금 홍제동에서 불이 나고 있다구요?
>
> **경호**   (V.O/F) 금방 막… 빠, 빨리 와야 될 것 같은데…
>
>        뭐… 신고했으니까 난 몰라요….


**S#91   도로/차 안** | 밤

사이렌이 꺼진 소방차들이 도로를 달리고

(Cut To)
승용차에서 걱정스런 얼굴로 핸드폰을 든 아내.

> **진섭**   (V.O/F) 응… 불 아니고 도둑 신고…. 걱정 마. 아침에
>
>        인기가 데려다 준다니까….

동수가 목을 빼서 옆을 지나는 소방차들을 쳐다보자

150

전화를 끊은 진섭 아내가 가슴을 쓸어내리며

**도순**    불 아니래…. 가면 아빠 있을 거야.

고개를 끄덕이는 동수의 얼굴 위로 치이익~ 무전기 소리.

**센터**    (V.O/F) 구조차… 구조차….


## S#92  **도로/구조차 안** | 밤

구조차 안에서 무전을 받는 인기.

**인기**    구조대… 오인신고 철수 중.
**센터**    (V.O/F) 아니, 홍제동 상가 화재 출동….
          서부백이 선착대로 출동하기 바란다. 사륙?

철웅과 기철이 고개를 돌려 쳐다보고 앞자리에 앉은 진섭 얼굴 위로
무전음이 들린다.

**인기**    (V.O/F) 사칠… 그쪽으로 바로 출동한다.

차례로 사이렌을 켜고 끼이이익~ 좌회전하는 구조차와 소방차들.

**S#93   도로/구급차 안 | 밤**

소방차를 따라 커브를 트는 구급차.
구급차 조수석에 탄 서희의 얼굴 위로 인기의 무전음.

> **인기**   (V.O/F) 노후 상가건물이고 대응 규모 2단계.
> 인근 파출소 총출동…. 어? 여기…!

짐짓 미간에 주름이 생기는 서희.


**S#94   홍제동 골목 | 밤**

화르르~ 불길에 휩싸인 순자네 식당 상가 건물.
자던 사람들이 밖으로 뛰어나오고
경찰들이 확성기로 골목에 주차된 차들 번호를 부른다.
근처 집에서 자다가 일어나 내려다보는 사람들.


**S#95   상가 골목 입구/펌프차 안 | 밤**

에에에엥~ 골목으로 진입해 들어오는 소방차들.
대원 하나가 불법 주차된 차들 앞에서 펌프차를 세우자

치익~ 부르릉~ 하고 멈춰 선다.

구조차 안의 진섭이 창 너머로 불타고 있는 건물을 보면

       **운전대원**  진입 안 됩니다.

                후진해서 다른 골목으로 돌아가겠습니다.

       **효종**     아~ 그냥 밀고 가죠!

       **기철**     아~ 우리 징계 좀 그만 먹어. 내가 터볼게….

기철이 차에서 내리려 하자

먼저 덜컥- 뛰어내리는 진섭.

       **진섭**     순자 식당이야, 다들 뛰어!

하나둘 서둘러 차에서 내리는 구조대원들.


**S#96  오르막길 | 밤**

탁탁탁탁- 덜컥덜컥…

무거운 장비를 멘 채 있는 힘껏 뛰는 대원들.

화재 현장으로 달려가는 진섭 뒤로 철웅, 효종, 현수,기철.

헉헉대는 입에서 입김과 함께 쉰 소리가 새어 나온다.

## S#97 상가 앞 | 밤

연기와 화염으로 휩싸인 상가 앞으로
이미 잔뜩 지친 채 뛰어온 대원들.
헉헉대며 건물에 붙은 간판들을 올려다보는 진섭.
자바라 셔터로 잠긴 1층 〈순자 식당〉 위로 2층 〈24시 만화방〉,
3층 〈왕자 하숙집〉이 보인다.
진섭의 다급한 눈길이 철웅을 향하며

　　　진섭　철웅아… 우리가 선착대라 인원이 부족해.
　　　　　　너 괜찮겠어?

약간 상기된 얼굴로 쳐다보는 철웅.

　　　철웅　예. 괜찮습니다….
　　　진섭　좋아, 내가 1층. 나머진 2, 3층 만화방이랑 하숙집부터
　　　　　　쳐….
　　　대원들　네.

긴장한 얼굴로 면체를 쓰는 대원들.
활활 타오르는 상가 건물을 향해 뛰어가는 다섯 사람.

## S#98  상가 1층 | 밤

진한 연기 속에서 다른 대원들은 계단으로 뛰어 올라가고
진섭은 식당의 복도 출입구로 향한다.
다가와 이미 반쯤 열린 문을 보며 갸웃하는 진섭.
문을 밀고 들어가면 한쪽 벽과 천장이
완전히 화염과 연기에 휩싸인 식당 안.
면체 속에서 기민하게 움직이는 진섭의 눈동자.
뿌연 연기 사이로 비치는 플래시 불빛.
퍽- 퍼퍽- 천장에서 떨어진 형광등이 테이블 위에서
산산조각이 나고 조리실 뒤쪽 방을 향해 전진하는 진섭.

**진섭**　어머니~! 순자 어머니~!


## S#99  상가 2층 | 밤

3층으로 향하는 효종과 기철을 뒤로 하고
2층 복도로 빠지는 철웅과 현수.
검은 연기로 한 치 앞도 보이지 않는 공간을
플래시로 이리저리 비추는 철웅.

**철웅**　형, 여기 너무 넓어요.

**현수**   따로 움직여~


어둠 속에서 갈라지는 두 사람.

플래시를 비추며 탐색하던 철웅.

불빛 끝에서 24시 만화방 간판을 발견한다.

시커먼 연기와 책들로 가득 찬 곳에 들어서는 철웅.

아직 불이 붙진 않았지만 뭉글대며 사방에서 피어나오는

검은 연기가 금방이라도 질식할 것만 같다.

면체 속에서 땀을 흘리는 철웅.

그때, "콜록, 콜록" 들려오는 기침 소리.

순간, 반사적으로 반응하는 철웅의 동공.

꽉 도끼를 움켜쥐는 손.

연기로 앞이 보이지 않는 공간을 손으로 더듬으며

소파와 테이블 사이를 지나는 철웅.


**철웅**   사람 있어요? 있으면 고함치세요~!

**만화남**   (V.O) 여… 여기…!


바닥에 쓰러진 한 남자가 보이자 다가가

재빨리 보조 마스크를 씌워주는 철웅.


**철웅**   안에 다른 사람 있어요?

**만화남**   모… 몰라요….

**철웅**    저 잡아요! 다리에 힘줘요!

있는 힘껏 남자를 일으켜 세우는 철웅.

**S#100    상가 2층** | 밤

3층 계단에서 노인 한 사람을 부축해 내려오는 효종과 기철,
1층에서 올라오는 진섭과 조우한다.

**진섭**　순자 엄마가 안 보여. 먼저 가!

진섭의 눈에 어렴풋이 만화방에서 남자를 데리고 나오는
철웅이 보인다. 발걸음을 옮겨 복도 중간에서 조우하는 두 사람.

**진섭**　안에 다른 사람 있어?
**철웅**　모르겠습니다! 우선 이 사람부터 데리고 나갈게요~!
**진섭**　알았어! 내려가~

도끼를 든 진섭이 만화방 안으로 향한다.
진섭이 막 만화방에 들어서는 순간,
갑자기 와장창~ 소리와 함께 깨진 유리창 안으로
바람이 화아악~ 불어 닥친다.
황급히 상체를 숙이는 진섭.
순식간에 천장과 벽장들에 온통 불길이 옮겨붙었다.

## S#101　상가 화재 MONTAGE│밤

화아아악~ 거센 바람이 몰아치며 점점 거세게 타오르는 상가 건물.
대원들의 부축을 받으며 건물을 빠져나오는 사람들.
옆 골목으로 돌아온 구급차에서 내려
콜록대는 사람들을 부축해 응급처치를 하는 서희와 구급대원들.

소방차들 뒤쪽 언덕 아래에서 구경하는 사람들을 통제하며
연신 호루라기를 부는 경찰들.
불법 주차된 차들을 향해 소리치고 있는 경찰과 소방대원들.
그제야 어기적어기적 걸어 나와 차를 빼는 불법 주차남.


**주차남**    아이… 씨발….


세차게 부는 바람을 타고 건물을 감싼 불길이 더욱 거세지고
그 모습을 올려다보며 다급히 무전을 하는 인기.


**인기**    구조 2단계 발령시키세요~! 관할 소방서 전부 출동~


## S#102  도로/골목 | 밤


에에에엥~ 사이렌을 울리며 상공에서 줄지어 현장으로 달려오는
소방차들이 보이고 언덕 아래로 진입해 오는 타 지역 소방차들.
언덕 위에서도 여러 대의 소방차들이 따라오고
뒤엉켜 들려오는 무전음.


**무전음**    (V.O/F) 역촌 둘 비착,
             주차된 차량들로 진입이 어렵다!
             역촌 여섯 현장 비착! 활동 개시!

홍은 셋, 비착했으나 현장 진입로 확보가 어렵다!

언덕 아래에서 아직 불법 주차된 차들 때문에 진입을 못 하고
타대 대원들 역시 수관을 들고 현장으로 뛰기 시작한다.

## S#103  2층 만화방 | 밤

진한 연기로 시커먼 복도에서 벽을 관통해 들어가면
사방에 붉은 화염과 불꽃이 마구 흩날리는 만화방.
화염 속을 헤매던 진섭.
결국, 도끼를 내려놓고 손으로 바닥을 더듬는다.

> **진섭**    사람 있으면 소리치세요~!

이때, 진섭의 손에 잡히는 누군가의 몸.
진섭, 끌어당겨 얼굴을 보면 순자다.

> **진섭**    어머니~!

진섭이 얼른 공기호흡기를 꺼내 씌우고
황급히 빠져나갈 퇴로를 찾는다.

### S#104  상가 건물 진입로 | 밤

언덕 아래에서 수관을 들고 뛰던 한 대원,
길이가 미치지 못해 그만 튕겨 넘어지고
그 모습을 보며 다른 대원들 향해 소리치는 인기.

> **인기**  종로는 소화전 이용! 종로 외에는 수관 연장해~

언덕 위에 있던 대원들 역시 불법주차로 막힌 좁은 길 때문에
어댑터를 들고 뛰어온다. 수관에 어댑터를 끼우는 대원들.

> **인기**  수압 최대로 올려!

언덕 아래 수관을 연결하는 대원들 너머로
사람들이 구경하는 모습이 보이고
그 와중에 한마디 거드는 예의 불법 주차남.

    **주차남**    아~ 진짜… 졸나 느리다.

(Cut To)

    **인기**    전체 방수 시작!

언덕 아래, 위, 옆 세 방향에서
일제히 상가를 향해 물을 뿌리는 대원들.
하지만 몇몇 물줄기는 약해 건물에 닿지도 않는다.
촤아아악~ 물줄기가 뿌려지는 가운데
입구에서 사람들을 업고 나오는 구조대원들을 보며 고함치는 인기.

    **인기**    입구 열어줘!

물줄기가 옆으로 향하고 서희가 사람들을 받아
바닥에 눕히고 심폐소생술을 한다.
벌컥벌컥 물을 마시던 효종이 언덕 아래를 보면
주차된 차들 때문에 들어오지 못하고 있는 펌프차들이 보인다.

    **효종**    아직 못 들어왔어요?

**인기**　(분에 받쳐) 에라이~ 씨발…!

뭔가 작심한 철웅, 펌프차가 있는 골목을 향해 달려 내려간다.


## S#105　상가 건물 언덕 아래 | 밤

주차된 차들 사이로 뛰어 내려오는 철웅.
털컥- 안에 있는 대원을 밖으로 끄집어내고 올라탄다.
곧바로 엑셀을 밟자 앞에 있는 차들을 긁고, 밀면서 달리는 펌프차.
철웅, 펌프차를 운전하며 뒤를 보고 고함을 친다.

**철웅**　다 밀고 들어와요! 그냥 들어와요!

하지만 머뭇거리고 있는 타대 운전대원들.

**철웅**　들어와요! 빨리~~

이때, 갑자기 뒤에서 튀어나온 소방서장.
주차된 차들의 백미러를 하나하나 발로 차서 부수자
타대 운전대원이 놀라서 쳐다보고 급기야 한 트럭에 뛰어올라
무전기를 가로채는 서장.

**서장**  나 서장이다! 전부 밀고 들어가! 다 내가 책임진다!

무전을 받은 운전대원이 기어를 넣고 부르릉거리며
차들을 밀고 안으로 들어오자 퍼퍼퍽- 부서지는 사이드 미러들과
긁히고 옆으로 밀리는 차들.
이어, 언덕 위와 옆 골목에 있는 차들도 하나둘 밀고 들어온다.


**S#106  상가 앞** | **밤**


상가 근처에 다다른 트럭에서 내리는 철웅의 눈에

순자를 등에 업고 나오는 진섭이 보인다.
서희와 구급대원이 달려와 들것 위에 순자를 눕히고
뒤에서 현수와 기철이 또 한 명을 부축해 걸어 나온다.
이제 상가에 가까워진 타대 대원들의 물줄기가 거세지며
상가의 불을 끄기 시작하자 인기와 서장이 다소 안도하는 모습.
지친 대원들이 뒷문을 열어놓은 구조차 뒤에 모여
헉헉대고 물을 마시며 서로를 돌아보는 가운데

     **진섭**    고생들 했어. 다 나왔지?
     **효종**    예. 요구조자들은 다 뺀 거 같습니다….

그런데 갑자기 뒤에서 신음처럼 들려오는 소리.

     **순자**    (V.O) 겨… 경호야….

순간, 뒤돌아 구급차를 보는 진섭과 대원들.
진섭이 막 구급차에 태우려는 순자에게 다가와

     **진섭**    어머니… 경호 안에 있어요?
     **순자**    응… 안에… 내가… 차… 찾다가….

난감한 듯 눈을 질끈 감는 서희.
얼굴이 벌겋게 달아오른 진섭,

167

시뻘건 불과 검은 연기를 내뿜는 건물을 쳐다본다.
다시 구조차 뒤로 온 진섭이

      **진섭**    경호 데리고 나온 사람?

대원들이 서로를 쳐다보기만 할 뿐인데
이때, 진섭 옆으로 뛰어오는 인기.

      **인기**    다 나왔지? 이제 구조팀은 빠져….

그을음투성이 얼굴로 다시 안전모를 쓰는 진섭.

      **진섭**    안에 경호가 있대….

팍- 인상을 구기며 진섭의 어깨를 잡아 돌리는 인기.

      **인기**    다 확인했잖아? 저거 안 보여?

건물 외벽에 땜빵을 해놓은 방수 페인트 자국들.

      **인기**    불법 증축이 많아서 언제 붕괴될지 몰라.
                침착하고, 이제부턴 방수에 집중한다.
                (손짓하며) 자자, 구조팀 뒤로 다 빠져!

인기의 말에 한숨과 함께 뒤로 무르는 대원들.

그런데 쓱 한번 뒤를 돌아보는 진섭.

등에 멘 공기통을 풀더니 효종에게

      **진섭**    봄베 교체해 줘….

      **인기**    안 돼! 가지 마!

다시 눈길이 부딪히는 두 사람.

      **인기**    그만하자. 제발….

진섭이 정색을 한 채

      **진섭**    안에 사람이 있다잖아….

그 말에 후~ 한숨을 쉬며 더 이상 말리지 못하는 인기.

쓱 한발 앞으로 나서는 효종.

      **효종**    저도 갑니다.

               (기철을 보며) 다들 있어, 내가 같이 가께.

기철이 효종의 눈길을 피하며

**기철**    아니, 나도 가.

**철웅**    저도 가겠습니다….


어느 틈엔가 벌써 새 봄베를 꺼내는 현수.


**현수**    그래, 가서 후다닥 데리고 나오자!


구급차 옆에서 다시 장비를 착용하는 구조대원들을
걱정스러운 듯 쳐다보는 서희.



### S#107   차고/구조대 대기실 | 밤


동수와 함께 차고로 들어서는 진섭 아내.
주위를 둘러보며 갸우뚱하더니


**도순**    아무도 없네…. 아직 안 왔나?


(Cut To)
삐이익~ 동수와 함께 구조대 대기실 문을 여는 도순.
좁고 남루한 대기실 모습을 보며


**도순**    (혼잣말 하듯) 이래서 날 못 오게 했구나….

## S#108  상가 앞 | 밤

촤아악~ 물을 뿌려주는 진압대원.
양 팔을 벌린 진섭 옆으로 나란히 서는 다른 대원들.
차례로 물을 맞더니 하나둘 상가 입구를 향해 뛰어가고
기도하는 표정으로 그 모습을 쳐다보는 서희.


## S#109  소방서 복도 | 밤

진섭 라커에서 꼬질꼬질한 옷을 받아 박스에 넣는 동수.

> **동수**　우~ 타는 냄새….

그런 동수를 좀 안타깝게 쳐다보는 진섭 아내.

> **도순**　아빠 이제 소방관 아냐.
> 앞으로 너랑도 시간 많이 보낼 거고….

라커 바닥에 있던 돌돌 말은 전단지를 꺼내는 동수.
아내는 라커 선반 위에서 다 타버린 헬멧을 꺼내 들며

> **도순**　이건… 다 못 쓰게 된 걸… 어? 이건 아빠 옷 아닌데….

아내가 보면 소방복 명찰에 새겨진 이름, '신용태'.
금세 먹먹한 표정이 되고 마는 진섭 아내 옆에서
전단지를 펼쳐 보며 빙긋이 웃는 동수.


## S#110 상가 건물 2층 | 밤

짙은 연기 사이로 2층 계단을 뛰어 올라오는 다섯 사람.

      **진섭**   (효종에게) 2층 더 뒤져봐. 난 3층 수색할게.

이때 끼어드는 철웅.

      **철웅**   저도 같이 갈게요!

순간 멈칫 철웅을 바라보는 진섭.

      **진섭**   따라와!

세 사람을 2층에 남겨두고 다시 계단을 뛰어 올라가는 진섭과 철웅.
한치 앞도 보이지 않는 상황에서
사방을 뒤지고 있는 효종, 기철, 현수.
현수는 작은 가게 안으로 들어가고

컴퓨터 수리점 안으로 들어서는 효종과 기철.
시뻘건 화염 속에서 장애물들을 헤치며 소리친다.

      **기철**    경호야! 한경호!
      **효종**    한경호~! 들리면 소리쳐!


### S#111　상가 건물 3층 | 밤

철웅을 등 뒤에 두고 연신 경호의 이름을 부르는 진섭.

      **진섭**    한경호! 어딨어?
      **철웅**    한경호! 움직여~! 소리 질러!


### S#112　상가 건물 2층 | 밤

한 집을 수색하고 다시 복도로 나가는 현수.

      **현수**    경호야~! 한경호~!

어둠 속에서 다시 합류한 세 사람.
다시 손짓으로 방향을 정하고 발걸음을 옮긴다.

호흡소리가 더욱 거칠어지고, 게이지는 30을 가리킨다.
그들이 지쳐가는 만큼 발걸음이 더욱 더디고
화악~ 불길이 스치자 금세 눌어붙는 방화복.


**S#113  상가 언덕 아래 | 밤**


멀리 상가 언덕 아래에서 옷깃을 여민 채 바라보고 있는
구경꾼들 너머로 막 현장에 도착하는 TV중계차들.

**S#114**  **상가 앞** | **밤**

초조한 얼굴로 무전을 하는 인기.

>  **인기**   할 만큼 했다. 인자 그만하고 나와!

대답이 없자 달려가 건물에 대고 확성기로 소리치며

>  **인기**   야~~! 내려와!

이때, 퍼퍽– 둔탁한 굉음과 함께 확– 불길이 치솟는 1층.
놀라서 뒤로 물러나는 인기와 대원들.

>  **인기**   불 올라간다!


**S#115**  **상가 2층 복도** | **밤**

복도로 나오던 효종, 무전을 들고 고개를 돌린다.
이때, 계단에서부터 폭발하듯 밀려오는 불길.

>  **효종**   엎드려!

고함과 동시에 몸을 날리는 세 사람.

어마어마한 불길이 그들을 덮쳐 지나가고

쿵-벽에 부딪혔다 바닥으로 쓰러지는 세 사람.

현수는 잠깐 정신을 잃고 쓰러지고

기철의 등과 발에 불이 옮겨붙었다.

바닥을 기며 괴로워하는 기철.

효종이 얼른 정신을 차려 일어나서는

주위를 살펴 간이 소화기를 들고 온다.

안전핀을 뽑고 레버를 누르는 효종.

하지만, 피식~ 하고 약간의 분말만 발사된다.

소화기를 내던지곤 손으로 기철의 몸에 붙은 불을 끄는 효종.

자신의 장갑에도 불이 옮겨붙자 장갑을 벗어 던지고

맨손으로 기철의 몸을 두드리며 불을 끈다.

**S#116　효종의 집 | 밤**

놀란 눈으로 내려다보는 효민.

　　　　**효민**　　어머⋯.

보면, 툭툭- 움직이는 배.
희미한 미소를 짓더니 손으로 배를 쓰다듬는다.
이때, 갑자기 TV 화면이 바뀌며 등장하는 아나운서.

　　　　**아나운서** (F) 속봅니다⋯.

뭔가 싶은 표정으로 TV를 쳐다보는 효민.


**S#117　효종 집 복도 | 밤**

쾅- 문이 닫히고 사색이 된 채, 복도로 뛰어나오는 효민 뒤쪽으로
검은 하늘 멀리 피어오르는 연기.

### S#118  상가 건물 3층 | 밤

쨍그랑~ 하며 깨지는 창문으로 해머가 보였다가 사라지면
보이는 진섭의 얼굴.
하지만 복도에 화염들이 창문을 통해 방 안으로 더 들어가고
사방에서 밀려들어 오는 화염 중간에서 포위된 진섭과 철웅.
급기야 망치를 들고 벽을 부수는 진섭.

    **진섭**    뚫어~ 옆집으로 이동해!

철웅이 달려들어 함께 벽을 부순다.

구멍이 생길 때마다 천장에 균열이 커진다.

## S#119 **상가 앞** | 밤

퍼퍽- 퍼퍼벅- 건물 좌측 외벽이 파열음과 함께 금이 가기 시작하고
그걸 모른 채 계속 물을 뿌리는 상봉과 진압대원들.
뛰어오며 목이 터져라 고함을 치는 인기.

      **인기**     좌측! 건물 좌측 다 나와~~!

퍼퍼퍽- 벽이 갈라짐과 함께 좌측으로 기우는 건물.

      **인기**     나와~~~!!

곧이어, 콰콰콰쾅~~ 엄청난 폭음과 함께
좌측 절반이 무너져 내리는 상가 건물.
구경하던 사람들이 아아악~ 하고 비명을 지르고
쿠쿠쿠쿵~ 건물이 무너져 내리며 얼굴을 감싸 쥐는 서희.
후아아악~ 밀려오는 폭염 속에 쓰러지는 인기.
주택가 한가운데에 피어나는 커다란 폭염과 함께 어두워지는 화면.

(Fade Out)

몇 초간 어두운 화면에 아무 소리도 들리지 않다가…

(Fade In)


## S#120  **상가 앞** | 밤


다시 화면이 밝아지면 조명 트럭의 불빛이 붕괴 현장을 비추고
처참히 무너진 상가 위로 함박 눈이 내리고 있다.
삼삼오오 삽과 곡괭이로 무너진 잔해들 사이를 수색하는 소방대원들.


      **인기**    (고함치며) 포크레인! 포크레인, 왜 안 와?
      **타대장**  공간이 좁아서 못 들어옵니다! 일단 손으로 해요….


대원들, 입김을 뿜어내며 여기저기 수색을 이어나간다.
인기가 잔해들 틈에 난 구멍을 보며


      **인기**    공기 넣게 펌프 가져와! 호스~!


달려드는 방송 카메라들 너머로
삽과 곡괭이로 계속 현장을 파나가는 소방대원들.
그들의 머리 위로 하염없이 떨어지는 눈송이.

## S#121  무너진 잔해 안 | 밤

건물이 무너진 잔해 속, 칠흑 같은 어둠 속에
가느다란 조명 불빛이 간신히 파고들어 오는 공간.
잔해 틈에서 간신히 정신을 차린 철웅, 먼지로 뒤덮인 얼굴로
옆에 쓰러진 진섭을 보면,
이미 배에 굵은 철근이 통과해 있다.
쿨럭쿨럭 입에서 피를 토하면서도
떨리는 손으로 호흡기를 철웅 쪽으로 건네는 진섭.
그 행동의 의미를 알아차린 듯 신음하며 입을 여는 철웅.


    **철웅**    바… 반장님. 전 괜찮아요….


피가 묻은 손으로 다시 마스크를 쥐며 헐떡이는 진섭.


    **진섭**    요… 용태야…. 나… 난 괜찮아….


그 말에 혼란스런 눈빛이 되는 철웅.


    **철웅**    반장님. 저 철웅이에요…. 정신… 차리세요….


지이이잉~ 조명기 트럭이 움직이고
작은 틈으로 빛을 받아 조금 밝아지는 공간.

철근이 통과한 진섭의 몸이 온통 붉은 피로 물들어 있고
철웅, 다리를 뻗어 진섭을 누르고 있는 더미를 밀어낸다.

**철웅**　　으아아악~~

하지만 전혀 꿈쩍도 않고 자꾸 눈이 감기면서
헛것을 보는 듯 눈동자가 풀린 진섭.
안간힘을 다해 면체를 잡아 철웅의 입에 가져다 대며

**진섭**　　미… 미안해…. 용태야….

피와 먼지로 범벅이 된 채 눈에서 눈물을 흘리는 철웅.

**철웅**　　반장님…. 제발… 정신 차리세요….

진섭의 몸에서 쿨럭쿨럭 흐르는 피.
정신을 잃어 가는 듯 파르르 떨며 점점 눈이 감기는 진섭.
이때, 철웅의 손에 잡히는 무전기.
팔을 빼지 못한 채 손가락으로 버튼만 누르며

**철웅**　　요구조자 발생… 대원 요구조자 발생….
　　　　구… 구조 바람… 구조 바람….

## S#122  상가 앞 | 밤

조명기 불빛이 카메라 앞을 스치고 다시 현장을 비추면

      **타대원**    여기~!

잔해를 치우는 대원들 중 하나가 고함을 치는 소리에
구급대원들이 뛰어간다.
시멘트 잔해 속에 깔린 진압대원 세 사람의 처참한 모습.
이미 사망한 것을 직감한 다른 대원들이 고개를 돌린다.
이때, 멀리 다른 곳에서 소리를 지르는 한 소방대원.

      **타대원1** 여기, 여기! 아직 숨 쉬어요~!

뛰어온 인기와 대원들이 손으로 잔해를 헤치고
근처에 있던 서희 혹시나 하는 마음으로 뛰어온다.
멀찌감치 서서 목을 빼 기웃거리는 구경꾼들 가운데
넋이 나간 듯 무너진 상가를 보고 있는 효민.
아직 간신히 숨을 쉬고 있는 기철.
인기가 이를 악물고 그 옆의 건물 잔해들을 걷어내며

      **인기**    꺼내, 빨리 치워~! 포기하지 마~!

대원들 여럿이 달려들어 잔해를 치우기 시작하고
그 앞에서 눈을 맞으며 속보를 전하는 여기자.


      **여기자**   이번 참사야말로 우리 소방 수준의 열악함을
               여실히 드러낸 사건이라고 할 것입니다.
               이번 사고를 계기로 우리 소방관들의…


세 사람의 진압대원들이 실려 나가는 모습이 잡힌다.
현장에서 경쟁적으로 보도를 하는 방송 카메라들.
현장 소방대원들의 모습이 느린 몽타주로 이어지다
무너진 잔해 속에서 철웅을 발견하는 대원들.
기절해 있지만 얼굴에 면체를 쓰고 있다.
서희, 철웅 얼굴의 시멘트 먼지를 치우고


      **서희**     아직 숨 쉬어! 베드!


서희 등 뒤쪽 다른 쪽 잔해 위에서 타대원이 고함을 친다.


      **타대원2**  여기~!


건물의 잔해들을 걷어내자
녹아버린 고무 코팅 면장갑을 낀 손이 드러난다.
계속 잔해를 파헤치는 대원들 옆으로

다 타버린 방화복을 입은 현수의 몸뚱이가 다른 대원의 등에 업혀진다.
철웅을 데려가던 서희가 그만 고개를 돌려버린다.
이윽고 피와 잿더미로 범벅이 된 채 드러나는 진섭이
아무 미동도 없지만 평온한 얼굴로 눈을 감고 있다.
그 앞으로 터벅터벅 걸어와 풀썩 자리에 주저앉는 인기.
장갑을 벗고 진섭 얼굴의 피와 먼지를 닦아주다가 결국,
하늘을 올려다보며 바보처럼 흐느낀다.

**인기** 어… 어… 으어어~~!


허공에 울려 퍼지는 인기의 울부짖음 속에
다른 대원들도 슬픔을 감추지 못하고 붉어지는 눈시울.
하늘에서 마치 눈 이불을 덮은 것처럼 포근하게 보이는
사고현장을 비추는 카메라.
들것에 실려 나가는 진섭.
눈을 감은 그의 얼굴을 극부감(항공숏)으로 따라가는 화면 위로
환청이 들리듯 울려 퍼지는 동수의 목소리.


**동수** (V.O) 아빠~! 아빠랑 불이랑 싸우면 누가 이겨?


## S#123 진섭 집 (회상) | 낮


밝은 햇살 속에 너무도 평화롭게 눈을 감고 있는 진섭.
소파에서 자던 진섭 품속으로 쏙 파고드는 꼬마 동수.


**동수** 아빠, 불이랑 아빠가 싸우면 아빠가 이기지?


부스스 눈을 부비며 잠에서 깨어나는 진섭.


**진섭** 아… 그럼. 그야 당연히 아빠가 이기지….

동수　헤헤…. 그럴 줄 알고 이렇게 그렸지룽~


동수가 들어 보이는 그림 속,
몽둥이로 불을 때려 눕히는 소방관의 모습.


동수　이게 아빠야….


두 눈을 번쩍 뜨고 자리에서 일어나는 진섭.


진섭　(오버하듯) 우와~ 진짜 잘 그렸다…!
동수　(우쭐해서) 나 우리반 애들한테 맨날 자랑해.
　　　우리가 위험에 빠졌을 때는
　　　빨리 아빠만 부르면 된다고….


흐뭇한 얼굴로 동수의 머리를 쓰다듬어 주는 진섭.


진섭　맞아. 너랑 친구들이 위험에 빠지면
　　　언제든지 아빠가 에에에엥~ 출동해서
　　　다 구해주는 거야….


동수가 환하게 웃으며 고개를 끄덕이고
일어나 부엌으로 향하는 진섭.

**진섭**　여보, 우리 아들 그림 그린 것 좀 봐.

　　　　애 천재다, 천재!

진섭의 뒤를 깡충깡충 뛰며 따라가는 동수.

**진섭**　내가 애 돌 때 크레용 잡을 때부터 딱 알아봤지.

　　　　봐봐…!

**도순**　어머~! 정말 잘 그렸네~

세 사람의 다정한 모습에서 카메라가 뒤로 빠지며
유리창에 비치는 태양의 빛으로 화이트 아웃.


## S#124 　병원 | 낮

사색이 된 채 헉헉헉- 가쁜 숨을 몰아쉬며
병원으로 뛰어 들어가는 진섭 아내.

(Cut To)
대기실의 TV 속 수갑을 차고 경찰차에 오르는
경호를 보고 있던 인기.
대기실을 들어서던 진섭 아내와 눈이 마주친다.
백지장이 된 얼굴로 다가오는 진섭 아내.

두 사람이 점점 가까워지고…

손으로 가슴을 잡은 채 떨리는 입을 여는 진섭 아내.


도순     어… 어떻게 됐어요…?


그만 질끈 눈을 감는 인기.

그러곤 다시 멍한 얼굴로 진섭 아내를 쳐다보며


인기     그게… 지금… 수, 수술 중이라서…

도순     사… 살았어요?


여전히 표정이 멍한 인기.


인기     아직… 수술 중이니까….


그만 의자에 털썩 주저앉는 진섭 아내.

머리를 숙이고 두 손을 모아 간절한 기도를 시작한다.

그 모습을 보다가 다시 멍한 눈길을 돌리는 인기.

사력을 다해 기도를 하는 진섭 아내에게

카메라가 점점 가까이 들어가며 어두워지는 화면.


⟨Slow Fade Out⟩

⟨Slow Fade In⟩

## S#125  소방서 대기실 (회상) | 해 질 녘

삐이익~ 문이 열리며 대기실 안에 들어서는 진섭.
묵묵히 안을 휘휘 둘러보다가 수건을 집어 들더니 두툼하고 상처가
많은 손으로 침상에 있던 그을음 자국을 쓱쓱 문질러 닦는다.

    **철웅**    (V.O) 감사합니다.

진섭이 돌아보자 짧은 머리로 가방을 메고 서 있는 철웅.

    **진섭**    (퉁명스레) …머리 잘랐네.
    **철웅**    오늘 시험을 치고 왔습니다….

진섭이 대수롭지 않게 툭 뱉으며

    **진섭**    그래. 떠날 사람은 빨리 떠나야… 또 새 사람이 오지….

미안한 듯 눈길을 낮추는 철웅.
진섭이 빙긋이 한번 웃어주고 나가며

    **진섭**    기왕 친 거… 꼭 합격해라.
    **철웅**    그런데… 답안지를 안 냈습니다.

걸음을 멈추고 돌아보는 진섭.

잠시 머뭇거리다 얼굴이 상기된 채 입을 여는 철웅.

> **철웅**　답안지를 내려는데…
> 　　　갑자기 제 스스로 뭔가를 포기한다는 생각이 들어서요.

물끄러미 철웅을 쳐다보는 진섭.

> **진섭**　…뭘?
> **철웅**　사람을 구하면서 살 수 있는 자격이요….

진섭과 철웅의 눈빛이 허공에서 부딪히고

> **진섭**　세상에서 아무나 가질 수 없는 소중한 자격….
> 　　　그걸 포기할 수가 없었습니다.

차려 자세를 취하고 거수 경례를 하는 철웅.

> **철웅**　저도 꼭 반장님 같은 좋은 소방관이 되겠습니다.
> 　　　정말 수고 많으셨습니다.

엷게 웃는 진섭이 철웅의 어깨를 툭- 쳐주고는

**진섭**    여기 냄새가 많이 그리울 거야….


돌아서 터벅터벅 대기실을 떠나는 진섭의 모습이 점점 멀어지며
화면이 어두워진다.


(Fade Out)

(Fade In)

(Ending Montage)

어둠 속에서 라커 문이 열리면 다시 화면이 밝아지며

옷가지들 사이로 드러나는 효민의 얼굴.

라커 속에 걸린 양복 정장 한 벌.

효민이 꺼내려고 보면 '파산 정리 50% 세일' 표가 그대로 붙어 있다.

결국 두 손으로 얼굴을 가리는 효민.

그 자리에 쪼그리고 앉아 소리내어 엉엉 울기 시작한다.


(Fade Out)

(Fade In)

텅 빈 차고 안에 멍하게 앉아 있는 누군가의 모습.

카메라가 천천히 줌인 되면

그렁그렁한 눈으로 차고 안을 바라보고 있는 기철.

시선 속에 마치 환영처럼 등장하는 진압, 구조대원들.

위를 향해 소방호스로 마구 물을 뿌린다.

| 효종 | 뿌려~ 더 뿌려~!오늘까진 내 매제 아니야~ |
|---|---|
| 상봉 | 신랑 몸 좋다~! 속도 위반 할 만하네~ |
| 현수 | 사정 봐주지 마라~ 이 새끼…! |
| | 편하게 장가 갈 줄 알았나~ |

신나게 웃고 떠드는 대원들의 모습이 고속 PAN으로 잡히며
화면 위로 울려 퍼지는 철웅의 목소리.

| 철웅 | (NAR/F) 신이시여… 제가 부름을 받을 때에는 |
|---|---|
| | 아무리 뜨거운 화염 속에서도… |
| | 한 생명을 구할 수 있는 힘을 주소서…. |

프롤로그에 보였던 소방관의 모습.
온 몸에 불이 붙은 채 아이를 안고 달려 나가는 고속 화면.

| 철웅 | (NAR/F) 너무 늦기 전에 어린아이를 감싸안을 수 |
|---|---|
| | 있게 하시고 |
| | 공포에 떠는 노인을 구하게 하소서… . |

옥상에 엎드린 채 물끄러미 입구를 보고 있는 은퇴견.

| 철웅 | (NAR/F) 내가 늘 깨어 살필 수 있게 하시어… |
|---|---|
| | 가냘픈 외침까지도 들을 수 있게 하시고… |

신속하고 효과적으로 화재를 진압하게 하소서….

소방관이 불을 무찌르는 그림 액자가 붙어있는 구석 테이블에서
공부를 하는 동수.

　　　철웅　　(NAR/F) 그리고 만약…
　　　　　　　신의 뜻에 따라 저의 목숨을 잃게 되면…

신의 은총으로 저의 아내와 가족을 돌보아 주소서….

치킨을 튀기고 있는 진섭 아내.
합동 장례식장 단상에 서 있는 철웅.

> **철웅**　(NAR/F) 이 글은 저희 구조대 사무실의 반장님
> 책상에 있던 글입니다….

그렁그렁한 눈이지만 최대한 씩씩한 표정으로

> **철웅**　(NAR/F) 저희에게 마지막 남기신 말이라고 생각하고
> 제가… 대신 읽어드렸습니다….

단상 옆으로 나와 뒤돌아서는 철웅.
울지 않으려 부릅뜬 눈에서 자꾸만 눈물이 흘러내린다.

> **철웅**　(NAR/F) 서부소방서 진압대 이상봉 대원님…
> 김준혁, 홍성호 대원님… 그리고…
> 구조대 정진섭 반장님… 그리고…

목이 메다 결국 손으로 눈물을 닦아내는 철웅.

> **철웅**　(NAR/F) 그리고… 효종이 형… 현수 형…

부디… 안녕히… 안녕히 가십시오….

마지막으로 척- 거수 경례를 하는 철웅.
화면 위로 조문객들의 흐느끼는 소리가 들려오며
경례를 마친 철웅이 프레임을 빠져나가면
소방관들 6명 사진이 서서히 실제 인물들의 동판으로 변하며
그 위로 뜨는 자막.

> **자막,** 이 영화를 출발시킨 2001년 홍제동 화재 사건은,
> 우리 소방관들의 처우에 대한
> 국민적인 관심을 증폭시켰고
> 소방장비와 지휘체계의 개선에도 큰 전환점이 되었다.

(Fade Out)
(Fade In)

> **자막** 2020년, 이 사건이 있은 지 19년 만에
> 우리나라 소방관들에게 국가공무원의
> 신분이 주어졌고, 생명보험도 의무적으로
> 가입하게 되었다.

(Fade Out)
(Fade In)

**자막,** 하지만, 우리나라 소방관들의 평균수명은
여전히 60세를 넘지 못하고,
아직도 근무 중 사고사에 비해
스스로 목숨을 끊은 소방관들의 수가 더 많다.

(Fade Out)
(Fade In)

**자막,** 이 영화를 국민을 위해 산화하신
대한민국 소방관들에게 바칩니다.

자막이 사라지고 음악과 함께 엔딩 크레디트.

**끝**

비하인드 스틸

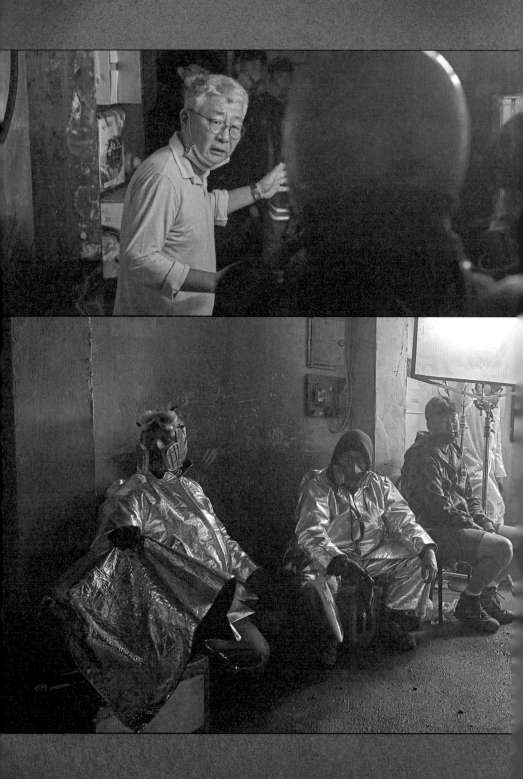

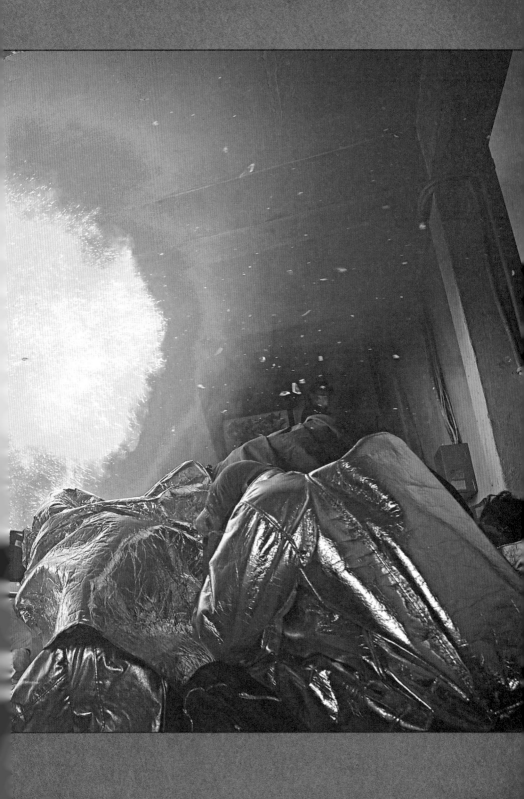

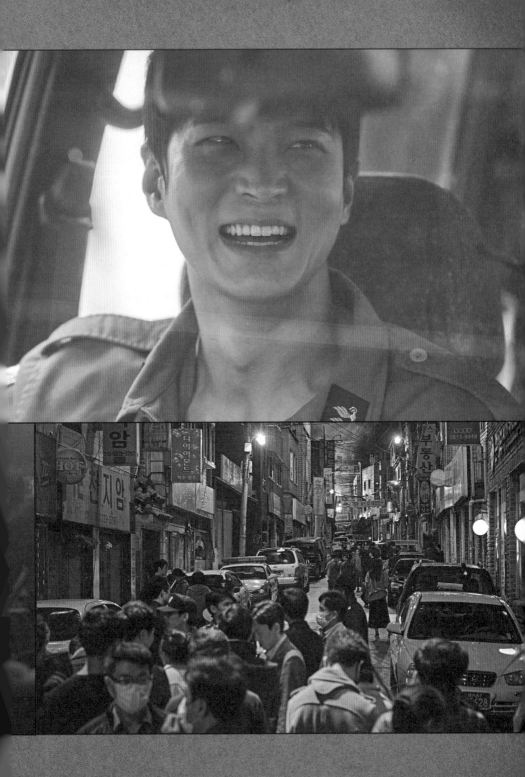

# 스토리보드

# 철웅과 대원들의 첫 만남

**S#5  소방서 차고 | 낮**

대기실 벽에 붙은
구조안전수칙을 보고 있던 철웅.
밖에서 부르릉~ 소리가 나자
재빨리 뛰어나가고

C.U

철웅 측면 Frame Out

차에서 내려 다가오는 대원들에게
척 경례를 하며

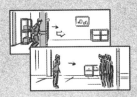

양 방향 측면
Side Dolly 교차

> **철웅**　신고합니다!
> 　　　　소방사 최철웅.

철웅을 보며 빙긋 웃는 용태.
이때, 때르르릉~ 울리는 벨 소리.
소방서 전체에 쩌렁쩌렁 울려 퍼지는
스피커 음성.

철웅 단독 Shot

용태 단독 Shot

> **스피커**　(F) 서부서 구조 출동!
> 　　　　　구조 출동!

C.U

대원들이 도로 우르르 차로 뛰어가며

**대원들**　출동~ 출동~!

양방향 Low Angle Wide

뻘쭘하게 서 있는 철웅에게
고함치는 진섭.

철웅 OTS 진섭

**진섭**　야, 너도 타!
**철웅**　…예? (뛰며) 예!

진섭 OTS 철웅

차고 바닥 고인 물에 비친 붉은색 소방차
위로 일렁이며 떴다가 사라지는

**타이틀,**　소방관

# 용태의 마지막 선택

## S#48  빌라 계단 | 낮

옥상으로 향하는 계단 역시
화염과 연기로 자욱하고
아이를 안고 오르기 시작하는 진섭과 용태.
앞장을 선 진섭 뒤에서 힘겹게 콜록이는 용태.

직부감 Camera Boom
Down Low Angle 진섭 용태

2Shot

각각 단독 Shot

도끼로 옥상 입구를 막고 있던
구조물들을 내려치자
퍼퍼퍽- 무너져 내리는 계단 난간.

225

두 사람이 계단을 오를 때마다
조금씩 커지는 균열.

균열 Insert

진섭 뒷모습 앞모습 단독

이제 몇 계단만 오르면 옥상.
진섭과 용태가 마지막 계단에서
발을 떼는 순간,

직부감

진섭 발 Insert

계단 하부가 쫘악- 갈라지는 것이 보이자

Low Angle 계단 OTS 진섭

공기호흡기를 뗌과 동시에
진섭에게 던지는 용태.

     **용태**     받아요!

계단 OTS 용태

진섭 OTS 용태

공중을 날아 진섭의 품에 안기는 아이.
동시에 쿠콰쾅- 무너지는 계단.

Side Wide 2Shot(고속)

직부감 2Shot Wide(고속)

무너지는 계단 Insert

Low Angle
Wide Shot(고속)

아이를 감싸며 몸을 돌리는 진섭.
황급히 다시 계단 아래를 바라보면,

화염, 연기 OTS 진섭

부서진 3층 계단 하부
철 구조물에 매달린 용태.

진섭 POV

아래를 보면 발에 닿을 듯
높이 솟은 불길.

서로 마주치는 두 사람의 긴장한 눈빛.

각각 단독 C.U

주변이 계속 무너져
내리는 것을 보는 용태.

**용태**    어서 가요!

Low angle FS

용태 단독 BS

# 진섭의 회상

**S#123 진섭 집 (회상) | 낮**

밝은 햇살 속에 너무도 평화롭게
눈을 감고 있는 진섭.

C.U Zoom Out

소파에서 자던 진섭 품속으로
쏙 파고드는 꼬마 동수.

부감 Wide

> **동수**  아빠, 불이랑 아빠가 싸우면
> 아빠가 이기지?

부스스 눈을 부비며 잠에서 깨어나는
진섭.

> **진섭**  아… 그럼. 그야 당연히
> 아빠가 이기지….
> **동수**  헤헤…. 그럴 줄 알고
> 이렇게 그렸지롱~

양방향 OTS

동수가 들어 보이는 그림 속,

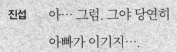

몽둥이로 불을 때려 눕히는
소방관의 모습.

　　　**동수**　이게 아빠야….

두 눈을 번쩍 뜨고
자리에서 일어나는 진섭.

각각 단독

　　　**진섭**　(오버하듯) 우와~

　　　　　　진짜 잘 그렸다…!

　　　**동수**　(우쭐해서) 나 우리반

　　　　　　애들한테 맨날 자랑해.

　　　　　　우리가 위험에 빠졌을 때는

　　　　　　빨리 아빠만 부르면 된다고….

흐뭇한 얼굴로 동수의 머리를 쓰다듬어 주는 진섭.

　　　**진섭**　맞아. 너랑 친구들이 위험에

　　　　　　빠지면

측면 Wide

　　　　　　언제든지 아빠가 에에에엥~

　　　　　　출동해서

　　　　　　다 구해주는 거야….

동수가 환하게 웃으며 고개를 끄덕이고
일어나 부엌으로 향하는 진섭.

베란다 통유리 통과
주방 쪽 Wide Slow
Dolly Out

    **진섭**    여보, 우리 아들 그림 그린
             것 좀 봐.
             애 천재다, 천재!

진섭의 뒤를 깡충깡충 뛰며 따라가는 동수.

    **진섭**    내가 애 돌 때 크레용 잡을 때부터 딱 알아봤지. 봐봐….
    **도순**    어머~! 정말 잘 그렸네~

세 사람의 다정한 모습에서 카메라가 뒤로 빠지며 유리창에 비치는
태양의 빛으로 화이트 아웃.

스태프

# 오승환

프로듀서

긴 시간의 기다림 끝에 드디어 영화 〈소방관〉이 세상 밖으로 나왔다! 실화를 소재로 한 영화인 만큼 2001년 홍제동 화재 사건으로 순직하신 6명의 소방관분들께 먼저 인사를 드리고 싶다. 이 사건이 소방관들의 열악한 처우가 알려지고 이후 소방법을 개정하는 계기가 되었다는 사실이 참으로 아이러니하고 안타깝다.

가뜩이나 코로나로 힘든 시기에 한여름의 더위와 싸우며 방화복을 입고 불길 속에서 촬영에 임했던 배우분들, 촬영 스태프분들께 다시 한번 감사의 마음을 전한다.

"실화가 주는 이야기에는 힘이 있다"라고 늘 말씀하신 곽경택 감독님은 여전히 특유의 부드러운 카리스마로 연기자들의 최고의 모습만을 담아내셨다.

촬영에 전폭적인 지원을 해주신 소방청과 여러 촬영장 인근의 소방서 소방관분들께 깊은 감사를 드린다. 많은 소방관분들이 당신들의 이야기를 다룬다고 앞다투어 지원해 주신 덕분에 큰 도움이 되었다. 모쪼록 우리 영화 〈소방관〉이 대한민국의 모든 소방관분께 힘과 위로가 되어줄 수 있으면 좋겠다.

촬영 내내 가슴 한 곳을 먹먹하게 누르고 있던 감정들의 무게가 영화 〈소방관〉으로 인해 세상 곳곳으로 전해져서 그 무게를 모두 함께 잘게 나누어 가졌으면 하는 바람이다.

대한민국 소방관님들 파이팅!!!

# 정승필

㈜에스크로드픽처스 대표

4년이라는 긴 시간과 갖은 우여곡절 끝에 마침내 영화 〈소방관〉이 개봉을 맞이했다. 며칠 전, 몇몇 소방관분들과 홍보 협조를 위한 저녁 자리가 있어서 한번 여쭤어봤다.

"저희 영화에도 있는 대사이긴 한데, 소방관들은 불 속으로 들어갈 때 무섭지 않으세요? 진짜 죽을 수도 있잖아요?"

그러자 모두 아무런 망설임 없이 이구동성으로 대답했다.

"현장에 요구조자가 있으면 그냥 본능적으로 들어갑니다. 내가 죽고 살고 그런 고민은 안 하죠."

〈What is Death?(죽음이란 무엇인가?)〉는 미국 예일대에서 가장 인기 있는 인문학 강의 중 하나다. 부와 지위의 차이를 막론하고 우리 인간 삶의 공통된 종착지는 결국 '죽음'이다. 하지만 우리는 이 피할 수 없는 명제 앞에서도 '죽음'이라는 단어를 터부시 여기곤 한다. 아마 그 것은 아직 채워지지 않은 삶의 욕망을 포기해야 하는 인간의 본능적 인 두려움 때문일 것이다. 그래서 우리는 그 죽음에 대한 두려움에서 벗어날 수 있도록 구원자인 '신'을 찾곤 한다. 언론에서 각종 재난이나 전쟁 때문에 수많은 사람들이 죽었다는 소식을 들을 때마다 누구는 말세를 운운하고, 또 어떤 이는 스스로 반문하며 "과연 신은 있는가?", "인간을 구원해 주는 게 과연 신이 맞는가?" 하고 신의 존재에 대한 강한 의문을 품기도 한다. "신이 할 일이 너무 많아서 대신 어머니를 보냈다"라는 말처럼, 나는 "신이 너무 바빠서 대신 소방관을 보냈다"라고 생각한다. 기꺼이 자신의 목숨을 희생하며 다른 사람의 목숨을 구하는 유일한 사람들, 그들이 바로 소방관이고 우리 삶의 실질적인 구원자가 아닐까?

영화 〈소방관〉은 '전원 구조'라는 목표 하나로 생사를 넘나드는 현장에서 사람들을 구하기 위해, 그리고 자신 역시 살아남기 위해 노력하는 소방관의 이야기다. 요즘 유행처럼 지극히 자극적이거나 엄청난 반전의 묘미보다는 실화를 모티브로 삼아 그저 담담하게 자기 할 일을 하는 소방관들의 삶을 그려낸 영화다. 특히 세상이 각박하고 차가워졌다고 생각하시는 관객분들께는 영화 〈소방관〉이 각자의 마음속 한 구석에 자리 잡고 있던 '희생과 봉사의 DNA'를 발견할 수 있는 계기가 될 작품이 될 거라 믿는다. 올겨울 이 영화를 보신 분들 모두가 따뜻하고 선한 위로를 받길 바라고, 여전히 선진국들에 비해 열악한 환경에서 일하시는 우리 소방관들의 처우 개선에도 미력하나마 도움이 되기를 희망한다.

뜨거웠던 4년 전 여름, 불과 방화복 속에서 진한 땀을 흘리며 고생했던 배우들, 스태프들, 그리고 제작진에게 깊은 감사를 드린다. 늘 좋은 이야기를 카메라에 담겠다는 의지로 이토록 담대한 영화, 〈소방관〉을 연출한 곽경택 감독님께도 제작자로서 경의를 표한다.

## 한승일

㈜아센디오 대표

2001년 홍제동 방화 사건은 충격과 분노, 안타까움으로 많은 이들을 절규하게 만들었다. 젊은 날, 뜨겁게 끓어올랐던 분노가 점점 옅어지며 기어이 냉각수처럼 차갑게 식어버리고, 기억 한편에서 완전히 잊혔을 때쯤 〈소방관〉이라는 영화를 만났다.

영화는 결코 떠올리고 싶지 않은, 하지만 반드시 기억하고 추모해야 하는 가슴 아픈 그날을 회상하게 해주었다. 소방 현장을 현실에 가깝게 고증한 장면들이 가슴 무거운 먹먹함을 주었고 평범한 일상의 귀함을 새삼 느끼게 했다.

시간이 흘러감에 따라 우리도 모르게 외면하고 망각했던 가슴 아픈 사건을 잊지 않고 생생한 감각으로 상기시키고 드러내 주신 곽경택 감독님께 깊은 존경과 감사의 마음을 드린다. 작품을 통해 감독님과 인연을 맺을 수 있음에도 감사하다.

더불어 영화의 주인공이자 실전에 계신 소방관분들께 감사의 인사를 전하고 싶다. 당신들 덕분에 우리는 보통의 날을 살아가며 감격을 느낀다. 우리가 기억하는 한 당신들의 희생은 잊히지 않을 것이다.

여기에 최선을 다해주신 스태프, 배우들께 아낌없는 박수와 찬사를 보내고 싶다. 애써주신 모든 분들 덕분에 잊힐 뻔했던 슬프고도 아름다운 이야기가 세상에 나올 수 있었다.

마지막으로 이렇게 각본집까지 나올 수 있도록 뜨겁게 〈소방관〉을 사랑해 주신 관객분들께도 진심으로 감사드린다.

# 이용갑

**촬영감독**

처음 〈소방관〉 시나리오를 받았을 때만 해도 2001년 홍제동 화재 사건은 나에게 생소한 사건이었다. 나를 포함한 많은 사람들이 소방관분들의 희생을 기억하지 못한다는 사실이 놀랍고 슬펐다.

남성들의 서사를 잘 다루는 곽경택 감독님과 〈소방관〉 작업을 하게 되면서 뜨거운 작품이 나올 거라는 기대감에 촬영 전부터 설렘과 욕심이 생겼다.

프리프로덕션 단계에서 감독님과 제일 중요하게 생각한 것은 '화염과 로케이션'이었다.

불을 CG로 작업할 건지, 실제 불을 촬영할 건지 많은 고민을 하며 수없이 테스트를 했다. 실화 다큐멘터리를 접하고 소방관분들을 직접 만나 뵈면서 〈소방관〉은 CG의 도움을 최소화하고 실제 불과 배우들의 연기를 통해 화재 현장의 생생함을 표현하자는 방향으로 결론이 났다. 소방관분들의 노고를 진심으로 리얼하게 담기 위해서였다. 그러다 보니 한여름 더운 날씨에 배우들과 많은 스태프들이 뜨거운 불길 속으로 들어갈 수밖에 없었다. 그 덕분에 암흑 같은 답답하고도 뜨거운 열기가 화면 속에 잘 표현될 수 있었던 것 같다.

로케이션은 세트로만 제작하기에는 제작비 부담이 크기에 전국 곳곳의 재개발지역을 찾아다녔다. 프리프로덕션 과정이 1년 가까이 걸렸는데, 그중 로케이션 장소를 찾는 데 가장 많은 시간을 보냈다. 최종적으로 좋은 장소를 만난 덕분에 그 시절 상황을 생생하게 재현할 수

있어 꿈만 같았다

촬영은 몇 년 전에 끝났지만 아직도 많은 스태프, 배우분 들의 고생이 마음속에 뜨겁게 느껴진다. 이런 뜻깊은 작품을 만날 수 있어 감사할 뿐이다.

# 신태섭

조명감독

영화 〈소방관〉을 촬영한 3개월 반 동안 마치 다큐멘터리를 찍는 듯한 느낌이 들었다.

배우들은 스타가 아닌 정말 한 팀에 소속된 소방대원처럼 생활했고, 곽경택 감독님은 대장처럼 그 팀을 이끌었다. 조명감독으로서 현장에서 조명 작업을 하는 과정도 그러했다.

영화 촬영 초반에는 소위 말하는 '때깔 좋은' 장면을 만들기 위해 조명도 많이 썼고 세팅 시간도 길게 잡았다.

그러다 어느 날 첫 화재 장면을 촬영하게 되었는데, '이곳은 영화촬영 장이 아니라 실제 화재 현장이 아닌가?' 싶을 정도로 리얼리티가 넘쳤다. 보통 화재 장면은 배우와 스태프들이 위험할까 봐 실제 불은 최소화하고 CG로 화면을 채우는데 우리는 그 반대였다. 촬영 현장은 특수효과팀이 세팅한 불과 검은 연기로 가득했다. 배우와 스태프 모두 한여름의 폭염에도 실제 방화복을 입고 불과 연기 속에서 촬영했고, 30분에 한 번씩은 촬영을 멈추고 쉬어야 했다. 그래서 이미 현장에는 새빨간 불, 검은 연기, 대원들의 사투, 불처럼 이글대는 대원들의 표정, 온도 등 모든 게 다 갖춰져 있었다. 언젠가부터 나는 화면에서 인공적인 조명을 덜어내고 있었다.

지금 생각하면 사고 없이 안전하게 촬영을 끝낸 배우들과 스태프들에게 감사하다. 고생한 만큼 리얼리티 넘치는 장면을 통해 극장에서 관객분들께 감동이 전달되기를 바란다.

# 이태훈

미술감독

"우리는 누군가에게 보호받고 있다."

〈소방관〉이라는 영화의 시나리오를 마주하고 한참 가슴이 먹먹했습니다.

2001년 홍재동 화재 사건, 그 화마가 남긴 깊은 슬픔의 서사들과 꼭 기억해야 하는 희생정신을 표현하기 위해 가장 중요하게 생각했던 것은 리얼리티였습니다.

국민을, 사랑하는 가족과 동료를 지키기 위해 모든 것을 걸었던 소방관들의 이야기를 그리며 그들이 현장 속에서 느꼈을 후회와 슬픔, 절망을 가슴 깊이 새기고 고귀한 희생정신을 표현하는 것에 집중했습니다.

화재 사건의 공간은 세트였지만 최대한 그날의 실제 현장을 재현하기 위해 정교하게 표현하는 데 집중했습니다. 촬영 내내 안전을 최우선으로 하면서도 화염 속의 긴박한 현장감을 사실적으로 표현하기 위해 온 힘을 다했고, 그 속에서 소방관들이 느꼈을 감정의 무게를 스크린에 생생하게 담고자 노력했습니다.

3층 높이의 세트는 실제 위급한 상황에 대처할 수 있도록 설계했습니다. 위급한 상황에 대처할 수 있도록 자유롭게 열 수 있는 벽면 세트를 활용하여 촬영할 때 안전 강화에 힘을 썼습니다. 이러한 구조 덕분에 안전은 물론이고 카메라 앵글을 다채롭게 촬영할 수 있어 현장을 더욱 실감나게 표현할 수 있었습니다.

영화를 촬영한 지 벌써 4년이 지났지만 아직도 그날의 이야기에 가슴이 먹먹합니다. 〈소방관〉을 통해 소방관분들의 희생과 용기를 조금이라도 담아냈기를, 그래서 그들의 숭고한 희생정신을 한 명이라도 더 기억하기를 바랍니다.

배우

**주원**

잊지 말아야 하고, 꼭 알아야 하는 사건.
소방관분들의 피와 땀 그 노고를 알게 되었습니다.

**유재명**

소방관분들의 애환과 노고, 용기를 다루는 이야기.

모든 스태프들과 함께 최선을 다해서 영화를 만들었습니다.

배우. 유재명.

이유영

우리가 기억해야 할 그 이름.

2001년 가장 빛났던 그들의 이야기를 기억하겠습니다.

김민재

〈소방관〉을 통해 잊지 않았으면 좋겠습니다.

늘 감사합니다.

**오대환**

소방관분들이 건강하고 행복하게 사셔야

우리 국민들이 건강하고 행복하게 살 수 있습니다.

감사합니다. 잊지 않겠습니다.

**이준혁**

소방관분들이 늘 자부심을 갖고
건강하셨으면 좋겠습니다.

**장영남**

두려움 없는 용기로 화마와 맞서 싸우신

소방관분들을 잊지 않겠습니다.

# 만든 사람들

| | |
|---|---|
| 감독 | 곽경택 |
| 출연 | 주원, 곽도원, 유재명, 이유영, 김민재, 오대환, 이준혁, 장영남 |
| 제공/배급 | ㈜바이포엠스튜디오 |
| 제작 | ㈜에스크로드픽쳐스, ㈜아센디오, ㈜로니스 |
| 프로듀서 | 오승환 |
| 각본 | 곽경택, 김용대, 최관영 |
| 각색 | 이윤형, 최석환 |
| 기획 | 김용대, 박인규, 한상헌, 이창준 |
| 촬영 | 이용갑 |
| 조명 | 신태섭 |
| 프로덕션디자인 | 이태훈 |
| 소품 | 장석호 |

| | |
|---|---|
| 세트 | 김정민 |
| 의상 | 이은경 |
| 분장 | 전영민 |
| 특수분장/특수소품 | 피대성 |
| 편집 | 정지은 |
| 녹음 | 박종근 |
| 음악 | 목영진 |
| 사운드 | 박주강 |
| 시각효과 | 최진호 |
| Digital Intermediate | 박진호 |
| 무술 | 고현웅, 권현석 |
| 특수효과 | 홍장표 |

# 소방관 각본집

초판 1쇄 인쇄   2024년 12월 12일
초판 1쇄 발행   2024년 12월 20일

지은이        곽경택

책임편집      안희주
외주편집      김새미나
디자인        Mallybook 최윤선, 오미인, 조여름
책임마케팅    김서연, 김예진, 김소희, 김찬빈, 박상은, 이서윤, 최혜연,
              노진현, 최지현, 최정연, 조형한, 김가현, 황정아
마케팅        최혜령, 도우리
경영지원      백선희, 권영환, 이기경
제작          제이오

펴낸이        서현동
펴낸곳        ㈜오팬하우스
출판등록      2024년 5월 16일 제2024-000141호
주소          서울특별시 강남구 테헤란로 419, 11층 (삼성동, 강남파이낸스플라자)
이메일        info@ofh.co.kr

ⓒ 곽경택
ISBN 979-11-94293-69-9 (03680)

스튜디오오드리는 ㈜오팬하우스의 출판브랜드입니다.